朝日新書
Asahi Shinsho 865

日本的「勤勉」のワナ

まじめに働いてもなぜ報われないのか

柴田昌治

朝日新聞出版

はじめに

40年以上前にはジャパン・アズ・ナンバーワンと言われることもあった日本ですが、今やその面影もありません。日本という国は今、急激な衰退の坂道を転げ落ちようとしています。

たとえば、先進国の中で給料の安さが際立っています。平均年収が先進国の水準から見るとかなり低い。OECD（経済協力開発機構）の調査によると、主要先進国の平均年収ランキング（2020年）で、日本は22位（3万8515ドル）。1位のアメリカ（6万9392ドル）とは3万ドル以上の差があります。ちなみに、お隣の韓国は19位（4万1960ドル）で、日本より上です。

しかし、そのような現実を目の当たりにしてもなお、島国でありガラパゴス化していると言われている日本には、どういうわけか危機感が欠如しているようにも思われます。今はまだ平穏な日々を送れているように見えますが、これもいつまで続くのかわかりません。

もともと優秀な人をたくさん輩出できていた日本なのに、いつの間にこんなことになってしまったのでしょう。もう打つ手はないのでしょうか。

私はそうは思いません。解決のための確かな「手がかり」さえ見つけることができれば打つ手はまだあるはずです。「手がかり」をはっきりと言語化することができれば、そして、それを日本人の共通言語にすることができれば、もともと持っていた日本の底力をもう一度結集することは可能だと思うのです。

その「手がかり」を明確にしていくこと。それが本書の目的です。

日本的「勤勉」のワナ

まじめに働いてもなぜ報われないのか

目次

第2章 勤勉さが生み出す無自覚の「思考停止」

第3章　自分で判断する力を育む「軸思考」

第4章 新たな価値を生み出していく「拓く場」

序　章　日本の労働生産性が伸びない理由

「職務に忠実で勤勉」が停滞の原因

他の競合国がこの数十年の間に急速に生産性を伸ばしている中で、日本も懸命の努力は続けているのですが、その努力がバブル崩壊後の生産性の伸びにはほとんど結びついてはいない、という厳しい現実があります。

生産性とは、投入した資源（労働など）に対する創出した「付加価値」の割合です。より少ない資源からより多くの付加価値が得られるほど、より生産性が高いという関係になります。生産性を高めるのは、豊かな社会を創り上げるためであり、そのためには無駄な「動き」を減らし、価値を生み出す「働き」の部分を増やすことが必要なのです。

しかし、約30年前のバブル崩壊以降、日本の給料はまったく上がらず、世界の水準から取り残されてきている、という事実があります。今、そのことがようやく問題だと認識され始めています。

努力は必死に続けているにもかかわらず、給料の水準は伸びていない。この厳しい現実は、努力の方向性が間違っていることを示しています。

その前提にあるのは、高度経済成長期以来、日本の得意だった経済モデルが通用しなくなってしまったことです。すなわち、日本の代わりを圧倒的に安い人件費でやってしまう国々が、一瞬のうちに世界市場を席巻してしまったのです。従来通りの日本的モデルでは、成り立たない時代になったことが明白になっています。

一方、世界では、米国を中心にデジタル化が急速に進んでいきました。日本も相応の努力はしているのですが、結果として一歩も二歩も後れを取っています。

確かに、個別に見れば素晴らしい結果も残してはいるのですが、残念なことに全体として見れば、新しい価値を生み出せていないのが日本の実態なのです。

今、私たちにいちばん必要とされているのが「創造性」です。しかし、それが当たり前になっていないところにこそ、問題があるのです。

なぜ創造性というものが当たり前になっていないのか。それは、みんなの力を合わせてものづくりに励む、という経済の高度成長を支えてきた旧来の考え方ややり方、いうなれば、ある種の文化が今もそのまま残っているところに問題が潜んでいます。

日本人はまじめで勤勉です。この性格は経済の高度成長には間違いなく大きく寄与してきました。しかし、そこに問題が隠されている、ということです。

つまり、「日本経済の高度成長を支えてきた、日本人が持つ職務に忠実な勤勉さこそが、今の停滞の主因になっている」というのが、約30年にわたって日本企業の変革の現場に身を置いてきた私がたどり着いた結論なのです。

では、この「職務に忠実な勤勉さ」とは、どのような中身なのでしょうか。詳しく見ていきましょう。


まだ記憶されている方も多いと思いますが、2017年2月から2018年3月にかけて、学校法人森友学園問題が日本中を騒がせました。中でも衆議院予算委員会等で、財務省の佐川宣寿《のぶひさ》理財局長（当時）が重ねた答弁は、私たちの記憶に何かおさまりの悪い感覚で残っています。

その答弁は、「交渉や面会の記録は速やかに破棄した」「電子データは短期間で自動的に消去されて、復元できないようなシステムになっている」などと、当時の政権を擁護する姿勢で終始一貫していました。しかし、佐川氏のそうした言動に対して、たいていの人は彼が実際にあったことをそのまま正直に言っているとは思っていないのではないでしょうか。

ただ、ここで私が問題にしたいのは、佐川氏の言っていることが事実に即しているかどうか、ではなく、彼が取った行動が彼なりの「規範を守り抜く」という信念に基づいていたように見えた、という点です。

佐川氏の答弁する姿勢に関して言えば、多少苦しげではありましたが、余計な迷いは見えませんでした。もし本当に悪いと思っているのなら、首は垂れるものです。しかし、首を垂れることなく堂々としていた。つまり、佐川氏には、「国家公務員たるものこのようにふるまうべきだ」という彼なりの信念があったということです。

彼の心のうちは想像するしかありませんが、「ことを荒立てて属している組織に混乱を起こすことよりも、穏便に済ますことのほうが最終的には日本のため、日本人のためだ」と考えていたのかもしれません。

このときの佐川氏は、私が日本に停滞をもたらしていると考える「職務に忠実で勤勉な日本人」の象徴のような存在です。彼のことを、お上に仕える「現代の武士」と呼んでもよいのではないか、とも考えています。

詳しくは第1章で解説しますが、私たちの組織人としての勤勉なふるまいは、武士の信条である「主君に対する忠義を尽くす」ことからすべてが始まっています。主君との関係性において忠義を尽くすことで、自らの「拠り所」(居場所)をつくっていたのが武士でした。

そして、そのような在り方は、私たち日本人の多くが会社に対して持っている姿勢にも通じるところがあるように思います。会社という存在がまさに自らの「拠り所」だということです。そのような傾向は、伝統のある規模の大きな会社や、日本の中心に位置する会社ほど強く残っています。

たとえば、もし会社に重大なコンプライアンス(法令遵守)上の問題が生じて、自分がどう動くかでその問題が世間の目にさらされるかどうかが決まる、という立場に置かれたならどうでしょう。

出世街道を順調に歩んでいる人ほど、「組織を守る」という規範を踏み外さないことが会社員としての大前提になっていることが多く、佐川氏と同じような行動を取る人がいたとしても不思議ではありません。実際、似たようなことは企業の中でも起こっています。

忘れてはならないのは、置かれている前提を問い直さず、どうやるかしか考えない姿勢は歴史由来であり、ある種の社会規範としてあまりにも深く根付いているために、誰もがそのことがもたらす意味の大きさに無自覚である、という点です。まさか自分が思考停止に陥っているなどとは考えたこともない、ということが往々にして起こりがちなのです。

少し前のデータですが、日本生産性本部が2018年度まで行なっていた「新入社員 春の意識調査」の中に、「上司から会社のためにはなるが、自分の良心に反する手段で仕事を進めるように指示されました。このときあなたは……」という問いがありました。これに対し、およそ4割程度が「指示の通り行動する」と回答しています。過去最大だった2016年度にいたっては45・2%です。そして、「わからない」という回答が約半数、「指示に従わない」が1割程度というのがおおむねの傾向です。

こうしたことを見ても、善悪はともかく、自分が属する組織を守るという姿勢を優先するのは決して例外的な話ではないということです。

今の日本の主要な舞台で活躍している人たち、特に順調に出世街道を歩いている、もしくは歩いてきたような組織人たちは総じて、まじめで勤勉であればあるほど、上司が言っていること、先輩が言っていることがそのまま規範になり、どうさばくかしか考えない思考停止に陥っているのです。

日本人は、勤勉で粘り強く、結束力は世界一でありながらも、こうした「思考停止」に陥りやすいという〝特異性〟を持っています。それは、「運命として与えられた規範を耐え忍ぶ姿勢」にどこか親近感を持ち、それを率先垂範することを美徳とする、という一種の「勤勉美学」が組織の中に息づいている、ということでもあります。

だからこそ、組織人としての規範から外れる行動を選ぶことは、日本人にとってハードルの高い課題になってしまうのです。

傍観者としてなら、評論めいた批判を口にしやすいのですが、いざ自分が同じ立場になったとき、まわりを取り巻く環境のことなどを踏まえつつ、何ができるのか。自分のすることにどういう意味が生じるのか。

大切なのは、そういう状況に置かれたとき、自分も何も考えずに規範にただ沿ってしまうという思考停止に陥りがちである、という自覚をまずは持つことです。

「思考停止」とはどういうことなのか。自分、および自分のまわりでどのような影響、意味を持っているものなのか。それを本書で一緒に考えていきたいと思います。

合理化が進み、安定志向がより強固に

広く社会に根付いている、何も考えずにただ規範に従う「思考停止」という特性をどのように扱えばよいのか。この特性を自覚的にコントロールすることができるなら、私たちの将来も変わってくるのではないか、と思うのです。

揺るがない前提を堅持している限り仕事の処理は簡単です。ただ「どうやればいいのか」だけを考えておけばいいからです。しかし、今の日本が喉から手が出るほど必要としているのは、目先の安定、従来のビジネスモデルの維持ではなく、新しい価値を創造していく新たなビジネスモデルの構築です。

新しい価値を生み出そうと思えば、前提そのものを問い直す姿勢が必要です。そして、前提を問い直そうと思えば、前提が持つ意味、めざす目的、それが生み出す価値などを考えることが不可欠です。

この前提を問い直す姿勢が欠如しているから、日本には、「変えなければ」と言い続けながらも、結果としてまったくと言ってもいいほど変わっていない現実が存在するのです。

ビジネスモデルが安定してきた会社であればあるほど、お客様に直接使う時間よりもはるかに多くの時間を勤勉に無駄な仕事に割いています。間違いが起きることがないよう、作法の通り面倒な手続きを踏みながら、すべての仕事を制約の範囲内でただまじめに処理していく姿がそこにはあるのです。

つまり、置かれている規範の中で「余分なことは何も考えずに」ただひたすら仕事をさばく、という思考停止がそこにはあります。

その結果として、そうした忙しさの中には、相も変わらず無意味な根回しなども存分に組み込まれたまま、というのが今もなおある日本の状況です。

この過剰保険とでもいうべき、自己保身の色合いの濃い勤勉さを持つ思考姿勢は、企業組織内だけではなく、広くマスコミなどをも巻き込んでいます。

Reporters Without Borders（国境なき記者団）が２００２年より発表している世界１８０の国と地域が対象になった報道の自由度ランキングで、２０１０年は11位だった日本が、最近の調査では70位前後になっています。ちなみに韓国は42位です。

この調査の結果が、日本の報道の自由が規制によって少なくなってきていることを示しているのは事実だと思います。

私が問題だと考えているのは、同じ規制強化といっても、ロシアのように、報道機関を国有化したりすることで規制を強めたりするのではなく、報道機関が自主規制をしていくことで規制が強まっているところです。

こういう状況を旧来の価値観で批判するなら、右傾化なのでしょうが、私はそうは思わないのです。

世界の標準から見ても、日本の報道関係者が持つ自主規制の姿勢には問題があると私も感じています。しかし、私の問題意識は昭和の古い構図に当てはめての話ではないのです。

私の見るところ、報道関係者のこうした態度は、右傾化などというより、組織の規範に無条件に従うという意味での思考停止に陥っている人間が、その人なりの倫理観に基づいた行動をした結果でしかないのです。

いずれにせよ、こうした無自覚な思考停止——ものごとの意味や価値などを深く考える姿勢を欠いている状況——が日本社会全体に蔓延してきたのが平成の時代であったため、今の停滞をもたらしてしまっているということです。

今では、環境やガバナンスなどを含めた社会的責任と企業の株価が、当たり前に連動する時代になってきています。こうした複雑化する先進的な世界と伍していくには、私たち自身がものごとの本質を考え抜く姿勢を鍛えていかなければならないのです。

問題現象はいろいろなところで起こっているのですが、それが思考停止によるものだという〝ことの本質〟に迫る議論が今まではなかった、ということがいちばんの問題なのかもしれません。

間違いなく言えることは、常に旧来の価値観でそうした問題現象を取り上げるだけで、問題現象の奥に潜む問題の本質——つまり、無自覚の思考停止——には今まではほぼ誰も触れることがなかった、ということです。それが、日本という国がはまってきた落とし穴なのです。

日本独自の強みを見出し生かす

このような今の日本の停滞を生んでいる、安定をただひたすら求め組織への同化と思考停止をもたらす勤勉さを、本書では自分の頭で考えることをやめた「勤勉1・0」と位置づけました。次ページの表を見てください。「勤勉1・0」との対比で示した「勤勉2・0」こそ、今後、私たちがめざすべき勤勉さです。

もちろん、日本人が持つ特性は、こうした勤勉さばかりではなく、ほかにもたくさんあります。たとえば、日本人同士なら互いに空気を読むことの大切さを身体が覚えていて、読む力も十分に備えているのが普通です。したがって、その空気を互いに感じ取っているということで、単に言葉が通じるというだけではない、同じ感覚を共有しているというある種の安心感を持っているのです。

これは外国人、特に欧米人と一緒に仕事や生活をした経験がある人なら、ほとんど

	勤勉1.0	勤勉2.0
思考の型	枠内思考	軸思考
場の違い	閉じる場	拓く場
仕事に向き合う姿勢	役職意識	役割意識
結論のありよう	確定した結論	拓かれた仮説
仕事のやり方	予定調和・ 前例踏襲	試行錯誤・ 問い直し

の人が同じような感覚を一度は持ったことがあるのではないでしょうか。

こうした私たち日本人の特性は、場合によっては同調圧力を生みやすくしている、といったネガティブな側面としても表れます。

しかし、勤勉さやまじめさといった特性は、使い方次第で毒にも薬にもなる日本人の持ち味です。であれば、その特性を有効に活用しない手はありません。

日本人が持つ特性を、マイナスに作用させるのではなく、強みとして生かし、日本の将来のために有効に活用するべきです。そしてそれは可能です。これは、私が企業変革のサポートを通して、多くの勤勉に働く人々と接触してきた経験に基づく強い実感です。

日本という国は、私たちが普段感じている以上に、その類《たぐ》いまれな勤勉さに代表される独特の色合いをあちこちに持っている国です。

そういう意味では、日本人の持つ勤勉さという気質のそもそもの背景を少し前の歴史まで振り返ることで、その本質を理解することも可能になるのです。

そして、そこにある問題点をしっかりと認識した上で、日本独自の強みを見出し生かすことこそが今求められているのです。

そこで、第1章ではまず、勤勉さが日本人の美徳となった背景を探ります。これまで無自覚だった「勤勉さ」の意味を知るには、その勤勉さがどのようにして生まれたのかを知る必要があります。

第2章では、勤勉さがもたらしている負の側面に目を向けてみます。「勤勉1・0」の思考停止という事実・実態をきちんと把握することによってのみ、解決策を見出し、実行に移すことができると考えるからです。

そして第3章では、日本人に備わっている勤勉さをどのように意味付け、活用していけば事態が好転するのかを明らかにします。いわば考える力を持った「勤勉2・0」の解説です。

最後の第4章は、「勤勉2・0」を実践する「当事者」、つまり「今の厳しい現実に自分の意志で向き合おうとする人々」を生み出していくことがテーマです。当事者としての自覚はどのようにすれば持つことができるのか、そして、それを後押しする「場づくり」について解説します。

第1章　「勤勉」はなぜ、日本人の美徳となったのか

戦後の高度経済成長を可能にした勤勉さ

「勤勉」というのは、日本人が持っている最大の特性です。この世界でも類《たぐ》いまれな特性が発揮されることによって、戦後の日本を世界に羽ばたかせた経済の高度成長も可能になりました。

ただ、今は私たちが持つこの勤勉さが、必ずしも日本人の幸せに結びついていない、という厳しくて悲しい現実があります。

昭和の時代に経済の高度成長が日本で可能であったのは、欧米先進国というめざすべきモデルが目の前にあったからだというのは、今や広く共有された理解だと思います。

そして、平成を経て令和の時代になる間に、めざすべきモデルを失い、日本の行く先を決めるかじ取りが難しくなっている。これも、論をまたない現実だと思われます。

そのような時代にあって、本来であれば〝美徳〟であるはずの勤勉さがマイナスに働いてしまっているというのが、私の現状認識です。

とはいえ、この日本人が持つ勤勉さを根底から否定するような乱暴な議論をするつもりはありません。序章でも述べたように、本来強みである勤勉さを意味のないものとして無視するのではなく、この勤勉さが発揮される際の考え方や姿勢を時代の要請にあった形に変えてさえいけばいいというのが、私がたどり着いた答えです。

ですから、「昭和に戻れ」というような復古主義的な議論を今さらしたいわけでもありません。確かに、昭和のころには、「モーレツ社員」と言われ、会社の仕事に人生のすべてを捧げ、挑戦的な姿勢にあふれたサラリーマンがたくさんいました。

そのような働き方こそが歴史由来の「挑戦をめざす日本的勤勉さ」の原型と言ってもよいと思います。

しかし、それは「めざすべきモデル」がわかりやすく置かれていればこそ可能だったという意味でも、まだ粗削りの勤勉さでした。家事や育児を妻に任せっきりにすることでそれなりに貫き通すことができた挑戦であり、昭和の時代の象徴的な勤勉さだった、という言い方もできるでしょう。

その一方、日本の企業では今も昭和のころから変わらず、発揮され続けている勤勉さもあります。

それが、社内に不協和音が生じないように、社内各所との「調整」を怠らない勤勉さです。たとえば、「上から何か言われる前にやっておこう」「他部署から不備を指摘されないためにやっておこう」などといった日本人だから持つ独特の勤勉さです。

しかし、そのような特性がいつも労働生産性の向上につながっているかというと、残念ながら必ずしもそうではありません。

なぜ日本で勤勉な文化が育まれたのか

日本で「調整」が優先されやすい理由。それは、歴史をさかのぼれば見えてきます。ちなみに、私は歴史学の専門家ではないので、歴史的な文献の一次資料に直接あたって分析しているわけではありません。

あくまで歴史家がつくった資料を踏まえて、私の現場の経験を加味してつくり上げたのが、これから説明する〝変革の当事者〟が見出した仮説です（ここではあえて「仮説」という表現を使っていますが、その意味については第3章で解説します）。

労働生産性を向上させる方法を見出していく上で大切なのは、さまざまな知見をヒントに、改革の現場にいてこそ持ちえる「新たな切り口」を見つけていくことです。

まず、調整に励む勤勉さが優先されやすくなった歴史的な経緯を理解するには、近代日本の骨格をつくり、世界史的に見ても特異な状況にあった江戸時代の鎖国と、そこにあって社会の安定に大きな役割を果たしてきた武士の存在にまでさかのぼって整理する必要があります。

日本という国は、世界でも珍しい、およそ二世紀半にも及ぶ、世界との交流を基本的に絶つ鎖国の下で展開された、長期にわたって戦争のない安定した社会を経験しています。それが江戸時代です。

この江戸の時代に安定した社会を実現する力となったのが、当時の支配階級でもあった武士のありようです。

戦国時代の武士たちは、いうならば戦いに際しての心得、といった性格の信条を強く持っていたと思われます。戦いとともに生活していたのが戦国時代の武士ですから当然です。

一方、江戸時代というのは、「鎖国」という外部の世界と隔絶され戦いのない社会を、支配層であった武士階層がそのストイックな生きざまを貫くことで実現したものだと思われます。

したがって、その根底に貫かれているのは、まずは社会の安定を何よりも大切にするという姿勢です。

鎖国状態の日本、江戸幕府にとって最も必要だったことは、他の国から攻められる心配をするというよりは、治安をよくし、社会を安定させておくことです。

通常、支配階級のイメージといえば、権力と富を手にした富裕層です。しかし、武士というのは少しその趣が違うのです。

最近は歴史研究も進んでいて、人口で言えば5パーセントくらいしかいなかった武士層の日常生活、特に飲み食いなどは、平均的に言えば意外なほど質素であったことがより詳しく知られるようになってきています。

権力は確かに持っているのですが、富を潤沢に浪費していたのが武士だったのかといえば、そうではないのです。

規律を維持するために必要である格式（身分や家柄で定められた礼儀作法）を大切にし、自らの家名の体面を保つために必要な金を使いながら、兎にも角にも、体面を保つことを何よりも優先したのが武士という存在です。

体面を保つためには有り金をはたき、結果として、日常生活である食事などはけっこう質素。そのように暮らしていたのが武士の平均像だったということです。

加えて、実際にどのようであったかだけではなく、特に明治維新以降、意図的に強調されてきた武士のイメージというのがあるのです。

そのつくり上げられた武士のイメージがこのようなストイックな性格を持ったものであった、と言ったほうが正確かもしれません。

そのイメージの中では、武士というのは、贅沢三昧の富裕階級としては描かれてこなかったのです。

自らの家名の体面を何よりも大切に保ち、厳しく自分を律しながら生き抜いていく、健気で勤勉な存在として描かれるその姿は、明治以降、私たち日本人の一種のあこがれであり、尊敬の対象になってきた、ということが重要なのです。

つまり、江戸時代を通しての支配層であり、ストイックに自らを律した生き方をしてきた武士層の価値観や美意識を集約した〝武士のイメージ〟が明治以来伝えられ、日本人の中にある種の美意識として定着してきた、ということです。

新渡戸稲造の書いた『武士道』によれば、武士道は儒教思想に影響を受けたということですが、ここではそうした由来云々よりも、明治以降に日本社会でつくり上げられた〝武士のイメージ〟がもたらした「影響の中身と大きさ」そのものに重大な意味を見出しているのです。

日本人の体質に根付くという意味では、たとえば、明治期の自由民権運動に携わってきた人たちや、はては社会主義を唱えていたような人たちでも、そのほとんどは家庭内では家父長的な道徳律の下に生きていたと思われます。

日本人にとって非常に重要なことは、ある意味ではひそかな畏敬の念を持って見ているこの武士の基本姿勢が（戦後民主主義などの影響を形の上では多少なりとも受けていますから、まったく同じではありませんが）、今という時代にも伝統ある文化として、私たちが意識しているよりもはるかに大きな影響力を持つ日本人の特性として引き継がれてきている、ということです。

そして、問題をより複雑にし、日本にダメージを与えているのは、そのような特性が、若者よりも、〝現在の支配層〟とでも言うべき組織の中で決定権を持つことが多い中高年に、より色濃く残ってしまっていることなのです。

武士が大切にした「忠義」と「序列感覚」

そのような現代の日本人の模範ともなってきた武士にとって大切なのは、自分の主人、つまり藩および藩主に対する忠義と、その忠義を具体化するための所作であり格式です。それらを守り抜くことによって、武士は忠義を表現したわけです。

ですから、忠義を示すことを重視した武士にとって、格式や所作は「疑問を挟む余地のないすべての大前提」として眼前にあったということです。

つまり、「忠義とはそもそも何なのか」「格式が持つ意味とは何か」などと余計なことを考える必要はないのです。そうしたことを問い直す必要がないばかりか、仮にそんなことをしたら、武士としては失格と言ってもよいわけです。

武士に許されていた「考える」範囲とは、忠義や格式を前提として、それを基準にあとは「どうやればいいのか」だけだったわけです。

また、武士が大切にする格式は、前例が積み重ねられてきたものです。そういう意味で、前例踏襲は武士にとって侵すことのできない規範でもあったわけです。

同時に、江戸時代の支配階級の武士にとって最も大切なことは、安定の維持です。

したがって、先のことを考えるときも、新しいことを想定するというよりは、安定を優先するべく予定調和と問題の先送りが当たり前になっていたわけです。

武士にとっていちばん大切なことは、まずは可能な限りことを荒立てないことだった、と思われます。

こうした思考・行動様式を格式に基づいて執り行なってきたのが、武士という存在だったと思われます。

そういう意味では、明治維新前の混乱期における武士のありようは、従来のそれとはかなり違った中身を伴っていたと思われます。中心人物の多くが、武士としては身分の高い層からではなく、下位の層から出てきているのは、価値観の転換を必要とされた結果だと思われます。

いずれにせよ、タテマエで構築された思考・行動様式を、一種の道徳律としてストイックに徹底して堅持していたのが、武士というものの理想像です。

したがって、武士にとって、失敗というのは基本的にはあってはならないことです。そうした現実と乖離《かいり》する精神主義が、タテマエ優先の世界ではまかり通ることになるわけです。

そして、そのタテマエの中核を占めていたのが主君に対する「忠義」でした。加えて、それと裏表の関係にあり、同じくらい重要な役割を果たしていたのが上下の関係を厳格に持つ「序列感覚」です。〝主君への忠のためなら死をも賭す〟という序列に基づくストイックな精神の世界が鎖国時代の武士の本懐だった、ということです。

このように武士は、「滅私奉公」「質実剛健」といった勤勉にお仕えする姿勢で格式を保つことを何よりも優先しました。

この勤勉さが贅沢とは無縁な美学であったために、ある種の精神性を伴う権威として世間に認知されることになっていったと思われます。

そういう存在である武士が機能してきた結果、江戸時代では、世界史的に見ても非常にまれな安定した社会が実現しえたということです。

教育勅語によって広く社会に浸透した勤勉な精神

実は、この武士が大切にした「忠義」というタテマエと、それと表裏一体の関係にある序列感覚で形成された「滅私奉公」の勤勉な精神が、明治維新以降、現代に至るまで、ビジネス社会にも大きな影響をもたらしています。

ただし、江戸時代の忠義はあくまで武士の世界の話であって、必ずしも農民や町民がすべて同じ意識を持っていたわけではないようです。この忠義の精神が、日本人の守るべき理想像として日本国民全体のものになるのは、先に述べたように、明治維新を通じてだと思われます。

19世紀の後半というのは世界に植民地化の波が押し寄せた時代です。欧米列強が植民地化を狙って、アジアにも進出してきていました。

鎖国が崩れ、日本に西欧近代化の波が押し寄せてきたとき、もしも日本という「国の意識」がないまま、「藩の意識」しか持たないまとまりのない状態であったとしたら、もしかすると列強のなすがままになってしまった可能性は十分にあったわけです。

欧米列強に対抗し自立していくために、前提として必要だったのが「日本」という国としての自覚であり、「富国強兵」という意識でした。しかも、それを武士の流れをくむ人間だけではなく、日本という国、日本人全体が持つことです。


そこに重要な役割を果たしたのが「教育勅語」です。

教育勅語では、藩主に対する忠義ではなく、天皇に対する忠義が説かれます。それまで主に武士の世界でのタテマエとして機能してきた忠義が、天皇の臣民として、全国民に要求されるタテマエになったのです。天皇に対する忠義を意識させることで、藩から〝日本国〟への脱皮という意識を臣民に植え付けることが可能になったのです。

この場合、忘れてはならないのは、この忠義という概念の裏側には、格式によってもたらされた強い序列感覚があたかも美意識のように共存していたことです。

こうした日本人独特の美意識が今もなお、鎖国時代の遺産として国民の意識の中に無自覚に、一種の勤勉な生活感覚として連綿と生き続けているわけです。そしてこのことが、良い悪いは別にして、日本という国に〝ガラパゴス化〟をもたらしている一因になっていると考えられるのです。

もちろん、ガラパゴス化とは言いますが、負の側面だけではありません。日本という国は今もなお、安全で秩序を重んじる国として世界から認められています。その理由の一つには、教育勅語で普及させた日本的な道徳基準が私たちの文化として根付いている、という点があげられると思われます。

通常、上から押しつけられるだけでは簡単に根付くとは限らないのが道徳というものです。しかし、日本では多くの国民が、見本となった武士階層に対するリスペクトの感覚を持ち、さらに鎖国時代に培った、まわりと争わない〝空気を読む姿勢〟を共有していました。さらにそれらが、道徳基準としての教育勅語と相互に作用し増幅することで、勤勉さを伴う道徳的な文化としてしっかりと定着したのだろう、というのが私の仮説です。

この「臣民が天皇に対して忠義を尽くさなくてはならない」というタテマエは、第二次世界大戦での敗戦まで極めて大きな効力を保ちます。

第二次世界大戦後、臣民という概念こそなくなりましたが、忠義というタテマエの裏側にあった潜在的な美意識は、たとえば男尊女卑や先輩後輩感覚といった序列感覚も含め、私たち日本人の日常的な生活感覚として染みついたままになっているのです。

そしてこのことは、勤勉な日本らしさというプラスの側面を忘れることはできないものの、私たち日本人が対処すべき大きな課題ともなっているというわけです。

戦後民主主義が果たした重要な役割

ここまで見てきた〝武士のイメージ〟がもたらしたものに加えて、さらにもう一つ、現代の日本人が持つその「らしさ」に大きな影響をもたらし、重要な役割を果たしたものがあります。それは、敗戦後、日本が大きくかじを切った戦後民主主義です。

民主主義というのは、そもそも人間社会で起こるさまざまな問題を「ルールを共有した土俵の上」であれば、誰もが解決していく権利を持つことを保証することで成り立っている思想である、というのが私の理解です。

民主主義が本来持っている、その精神の本質はここにある、と思います。

そして、この精神の下に、多数決の原理や公平性、形式や外見上の数合わせなども重要な要素としながら、成り立っているのが民主主義というものの総体です。

しかし、日本では、その本質的な精神のほうは時に忘れられ、形式のほうばかりがあたかもそれ自体が民主主義だ、と言わんばかりに大手を振る傾向があるのです。

問題を起こした後の日本オリンピック委員会が多くの女性理事をつくったのは、女性蔑視の批判を避けるための数合わせ、と言われたりすることなどがそうです。

実際の情報を私は知りませんが、そういう疑問がたくさん出ている、というのは事実でした。

そうした疑問に答えるには、新しく増えた女性理事たちが、本当に問題があればそれを発見する姿勢を持ち、その解決のための努力も保証されている状態であることが証明される必要があるでしょう。

それができなければ、〝武士のイメージ〟がもたらした一種の勤勉美学を骨格、つまり精神として持ちながらも、形の上では戦後民主主義が持ち込んだ公平性であるとか平等主義といった装いを身につけているのが日本人だ、と言われたとしても仕方がないわけです。

いずれにせよ、似たような話で、教育制度改革を筆頭に、この日本における形式上の公平性や平等主義が壁になって、改革が一向に進まないケースがたくさん存在します。

それは中身よりも形式を優先する、という勤勉美学の思考姿勢が日本では非常に一般的であることが壁をつくってしまっているからです。

入試に自由記述が取り上げられにくいのも、適性に応じた飛び級制度などが取り入れられにくいのも、みな同様です。

入試でそもそも見分けたいものは何か。記憶力ではなく、考える力を持っているかどうかを知りたい、ということになれば、自由記述は有力なツールのはずです。

入試が受ける人たちにとっては公平に合否が判定されるものでなくてはならないのは当然ですが、日本で優先されているのは多くの場合、形式上の公平性です。

そして、これこそが、そうした制度がもたらす「意味」というよりは、形の上での公平性や平等主義という「形式」のほうを優先する、といったまさに「中身よりも形式」を優先する姿勢です。

その姿勢は、「〝武士のイメージ〟がもたらした一種の勤勉美学の精神が〝戦後民主主義の外装〟を装うことででき上がった壁」の厚さを示しています。

日本の学校スポーツが社会に与えた影響

ここまで見てきた武士が持つストイックで勤勉な姿勢は、「ものごとに向かう姿勢」そのものであり、いわゆる「求道《ぐどう》精神」とも言いえるものです。

ここで「求道精神」と言っているのは、やっていることの道を究めようという姿勢を意味しています。ものごとの極意を究める、まさに匠の世界がイメージされる姿勢です。

茶道、柔道、弓道などなど日本で「道」とつくものは、そういうストイックな姿勢を伴っているように思います。

このストイックな姿勢を伴う求道精神を持つ勤勉さは、単にひたむきであるだけではありません。道を外さない、という意味で義を重んじ、徳を貴ぶという武士の精神の在り方そのものである、とも思われます。

実は、日本の学校スポーツもストイックな「求道精神」の延長線上にあり、西欧諸国のスポーツに対する考えとはまったく違うものを持っています。そのことが現代の日本人の多くがストイックで勤勉であることにも影響しているのです。

日本の学校スポーツは、楽しむためというよりは、自分自身を鍛えるため、精神面も含めて強くなるため、といった求道的な側面のほうがより意識されてきたように思われます。

日本の大学でも、同好会などはそうでもないのですが、体育会系のクラブや部活にはその傾向が強く認められます。

ところでみなさんはご存じでしたか。1980年代以降に100人以上の生徒が学校柔道で命を失っていた、という、驚くような事実を。

学校で柔道をしていて命を失っていたということが問題になったのは、2010年のことです。その後、文部科学省は多額の調査費を投じて各国の柔道事故件数を調査しました。

その調査結果は、2013年に、中学校での武道必修化に伴い事故実態を調べる

「調査研究協力者会議」で報告されました。結果として、他国の柔道による死亡事故は、一つも見つけられなかったのです。

他国では柔道による死亡事故がまったくと言ってもよいほど起こっていないにもかかわらず、なぜ日本でこんなことになるのでしょう。

同じ柔道をやっていて、しかも、柔道という日本発のスポーツであるにもかかわらず、こうも極端に違いが出てくるのはなぜなのか。

そもそも柔道というものの捉え方、柔道への向き合い方が、楽しむためにしているのか、耐える力を鍛えるためにしているのか、によって違うということなのかもしれません。

この話には、私たちが考えている以上に大切で本質的な問題が隠されているように思います。すなわちそれは、私たちがものごとに向き合うとき、「ひたむきな求道精神が要求される」のが当たり前なのか、それとも「楽しみが大切にされる」のが当たり前なのか、という問題です。

日本では、往々にして指導者によるパワハラ的な求道精神の押しつけが見られます。

そういうところにこそ、問題の本質が潜んでいます。

問題は、日本人が持つひたむきな求道精神が、その本来の姿ではない、逆の作用を起こしてしまうことから生まれています。

つまり、自らの内発的な動機でひたむきな求道精神を持つ場合は、本来の望ましい姿になるのですが、何らかの圧力でそれを強いられる状況では真逆《まぎゃく》の性格になってしまう、ということです。

指導者によるパワハラ的な求道精神の押しつけが決定的に問題なのは、そこに「思考停止」が生まれてしまいやすいからです。

何も考えずにただひたすら頑張る、というのが典型的な姿であり、日本では残念なことによく見られる光景になってしまっています。そして、そのような姿勢が、学校柔道での死亡事故にもつながっていると思われるのです。

問題をより深刻にしているのは、現在の日本の主要な会社では、「体育会系」出身者が、自分たちの持つ問題点を自覚しないまま組織の中枢を占めていることが多いという実態です。

このような思考停止を生み出しやすいスポーツに対する求道的なありようは、体育会系と呼ばれる人々が持っている社会でのステータスとともに、良い悪いは別にして、日本人の精神生活に影響をもたらしていることに注意を払っておく必要があります。

日本人にとっての〝希望の光〟

日本のスポーツの現場で見られるひたむきな求道精神が、思考停止を誘発する側面を持っているのは事実なのですが、同時に私は、日本人にとっての〝希望の光〟にもなりえると思っています。

今は日本人を「追い込む」ための鞭《むち》として作用しているひたむきな求道精神を、「楽しむ」という自らの内発的な動機と融合させる。つまり、ひたむきな求道精神を「スポーツや仕事を楽しむこと」と掛け合わせ、自由に自分の頭で考えながら自己実現していく。それはやればできるし、そのほうが本来の姿とも思われるからです。

外からの圧力が鞭となり、「ひたむきに頑張らされる」のではもちろんダメです。必要なのは、自分自身との戦いを、自分の内発的な意思で、楽しみながらひたむきにやり遂げるには何が必要なのか、を自ら突き止めることです。

その方法については第3章と第4章で詳しく見ていきますが、「楽しむ」ための前提条件として、まず主体的な自分の意思が不可欠であることだけは明確です。

確かに、スポーツの選手に優秀なコーチがつくことで、戦績が大幅に改善されるということは起こります。しかし、子供のころからずっと同じコーチについて、言われたことをただひたすら頑張っているスポーツ選手は、本当の一流にはなれないと言われます。

以前、日本経済新聞で、錦織圭選手を送り出したテニス・ファンドの創始者である盛田正明さんと、テニスの名プレイヤーであった伊達公子さんとの対談記事を読みました。その中で、盛田さんは「ずっと同じコーチについているのはダメだと思っている」と語り、その時々で自分に必要な指導者についてきた伊達さんのことを「そんな人いません」と評価しています。

伊達さんも、「コートではいろんなことを考えては決断の連続。技術があってボールを強く、上手く打てるだけで活躍できる場所でない。世界でもまれる中、自分の存在価値を確立するために、自分の意見を口にするようになった」「日本の教育は正解を求めがち。正解がどうこうでなく、自分で考え、行動させる大切さを周囲の大人が理解しないと」と自分の主体的な意思の重要性を語っています。

また、伊達さんは「日本のコーチはフォームから入ることがとても多い。『どう打つか』にこだわりすぎ」とも言っています。

つまり、正解を教え込むコーチではなく、客観的な意見やデータを提供してくれるコーチが必要なのであり、そうしたコーチを有効活用できるだけの「考える力」を伸びる選手は身につけているということです。

スポーツ選手がコーチからのアドバイスを受けて大きく伸びるのは、選手自身が自分との戦いを自分の頭で考え抜くことでやり遂げるという土台（主体的な意思）があった場合です。そのことはさまざまな事実が示しています。

たとえば、プロゴルフの松山英樹選手はずっとコーチを持たず、自分一人で自分と戦ってきた選手だということですが、ここ数年はいま一つ勝つことができず一人で悩みながらゴルフをしていたようです。そんな彼がコーチをつけた新たな試行錯誤ののちにつかんだのが、２０２１年４月の初めてのマスターズ優勝だったというストーリーは、ゴルフにはあまり詳しくない私でも興味がわく話です。

要するに、スポーツにしても仕事にしても、日本人が持っているひたむきな求道精神を生かすには、自分の主体的な意思で切り拓いていくという姿勢と思考能力がまず不可欠だということです。

それがあって初めて、コーチという第三者からの客観的なアドバイスを有効に生かすことが可能になり、楽しみながらひたむきな求道精神を発揮することができるのです。

もしそれを実現することができれば、日本の社会全体の生産性にも非常に大きな影響をもたらすに違いありません。すなわち、日本人のひたむきで勤勉な努力が報われやすくなるということです。

「体育会系人材」が好まれる日本

日本語の「過労死」という言葉は、「ＫＡＲＯＳＨＩ」としてグローバル語になっているそうです。

つまりこれは、「懸命に働く」というのはどこの国でもあるものの、日本のように「過労死」には行きつかない、ということを意味していると思われます。

この「過労死」という言葉が日本語に存在すること自体が、日本には耐えることを過剰に求めることを当たり前にしてしまう環境と空気があることを表しているのです。

このことは、戦後の長い経済の歴史の中で、日本の企業は「体育会系」の就活生を優先的に選んできた、という就活市場の紛れもない事実にも表れています。

体育会系と称される人たちは、基本的に礼儀正しく規律を重んじひたむきに動く人たちです。言い換えれば、指導者や上司の指示には無条件に従う忠誠を美徳として身につけている人たちとも言えます。

日本経済が高度成長を遂げていたころであれば、その姿勢がとても有効に作用したのです。ですから、創造性が必要な時代であると認識され始めた最近まで、規律正しく指示にきちんと従う傾向の強い体育会系の就活生を、日本企業の多くは好んで採用してきました。

そんな事情もあり、いまだに日本の主要な会社では、体育会系の人材が組織の中枢を占めていることが多いのが現状です。

「お仕えする」という言葉は、日常生活ではあまり耳にしなくなった言葉です。しかし、功成り名を遂げた著名人によって書かれる日本経済新聞の「私の履歴書」の中で、過去の自分の上司との関係を「お仕えする」と表現する経済人は少なくありません。

こうしたことにも表れている独特な行動スタイルは、明治維新以来、日本の歴史を背負ってつくり上げられてきた社会習慣でもある、ということです。

この行動スタイルは文化として日本社会に深く根付いているものであり、私たちの日常生活におけるさまざまな判断に無意識・無自覚の基準となって定着しているものなのです。

第2章　勤勉さが生み出す無自覚の「思考停止」

「思考停止＝何も考えない」ではない

すでに繰り返し「思考停止」という言葉を使ってきましたが、実は、思考停止といっても何も考えていないわけではありません。

その意味するところを正確にお伝えするには、ここで言う思考とはそもそも何を意味するのか、をはっきりさせておく必要があります。

思考力というのは、本当の意味での「考える力」のことであり、思考を要する「問い」に対して向き合っていくことができる力、とも言えます。

そういう意味では、思考を必要としない、言い換えれば、思考が停止したままでも答えを得ることが可能な問いもあるのです。

たとえば、単に持っている知識の中から選ぶ、もしくはネットで検索して選び出すだけで答えを得ることが可能な問いです。

「〇〇という国の首都はどこですか」という問いに答えるには、思い出すか、検索をすればいいわけです。そこであれこれ思考をめぐらす必要は、普通ありません。ですから、このような場合にやっていることはすべて、この本で言う「思考停止」状態でもできることなのです。

そのような思考停止は、我々が日常的に仕事をしているとき、ごく自然に起こっています。定型的に単にさばくことで済ますことができる仕事の場合、思考力は特に必要とされていないので、思考停止状態であることは問題にもならないわけです。

では、思考停止がどのような状況で繰り返されているのか、具体的に見てみたいと思います。

たとえば、上司から「アンケート調査をやる」という話が下りてきたとします。

この場合、「やる」の中身、つまり「何のために、どういう目的で、誰を対象に」といった前提がはっきり決まっているならば、あとは「どうやればいいのか」を考えればいいわけです。

しかし、「やる、やらない」も含めて、アンケート調査の意味や効果、影響などを考えるなら、「そもそも何のためにやるのか」「やることで見えてくるものは何か」「アンケートの結果はどのように使えばいいのか」などと考えることが多くなります。状況次第では、「やること自体に意味があるのか」という前提を問い直すことも含めて考える必要があるということです。

ところが多くの場合、そのような可能性を考えることなく、会社（上司）からの「アンケート調査をやる」という指示を「定型的にさばけば済む仕事」と捉え、自動的に「どうやるか」に入ってしまうのが、ひたむきな勤勉さを持った日本人です。そのような目的や意味を考えずに、たださばこうとする態度・姿勢のことを、私は「思考停止」と言っているのです。

本来であれば、新しく仕事を始めるときには、「この仕事は定型的にさばいてもよい仕事なのか」、それとも「目的やそれがもたらす意味などをしっかりと考えることを必要とする仕事なのか」という判断がまず必要なのです。

しかし、ほとんどの場合、そうした判断はスルーされ、〝さばく仕事〟としてすべて処理されていくのが現状です。

多くの日本人は、何事をするときでも無意識のうちに置いている何らかの規範、たとえば「前例はこうだった」といった前提を置いてものごとを処理しがちです。

今回のケースのように上司から「アンケート調査をやりなさい」という指示があったとき、「アンケートをする」ということが無意識のうちに「問い返してはならない前提」となりがちで、多くの場合、それを前提条件として定型業務をさばくという行動はスタートするのです。

「定型業務であるべきか、そうでないのか」を考え、定型業務であるという判断をした後にそうするなら、思考停止ではないのですが、考えることも判断もまったくしていないところに問題が潜んでいる、ということです。

本当に意味のあるアンケート調査をしようと思うならば、まず、「そもそも何のためにこの調査をするのか」「会社や調査対象になっている人たちにとってどういう意味があるのか」などといった、アンケートをすることの意味を最初に考える必要が本来はあるはずです。

にもかかわらず、目的などのテーマは前提にかかわってくる話なので、とりあえず簡単にまとめておいて、後は「どういう日程で、誰を対象に、どのような質問項目で」といったことをさばき始めるのが一般的です。

「何のためにやるのか」といった青臭い議論を深く掘り下げるのは「時間の無駄」だ、と身体が覚えてしまっているのです。

私が思考停止と言っているのは、業種にもよるのですが、日本の多くの企業で行なわれているように、無自覚に〝前提なるもの（枠）〟を置いて、その前提の下に「どうやるか」からさばき始め、枠の範囲でものごとを処理しようという、ある意味では効率的で便利な思考姿勢のことなのです。

「現実起点でものごとを考えない」ことが大事

〝枠〟の範囲でものごとを処理する思考姿勢は、定型業務をさばくには適した仕事の仕方です。しかし、何か新しい価値をつくっていこうとしているときには、それでは上手くいきません。

「どうやるのか」から始める、というか、「どうやるのか」でさばこうとしていては、新たな価値は生み出せないのです。

まず大切なのは、定型業務をさばこうとしているのか、新しい価値をつくろうとしているのかを自覚的に判断する姿勢です。

こうした姿勢をまったく持たず、ただ単に定型業務をさばくことが仕事のすべてだと考えている状態を、今の時代では「思考停止」と呼ばざるをえないのです。

そのような思考停止というまわりに重大な影響を与える状態が、なぜこんなに当たり前のように起こってしまっているのか。しかも、あらためてそう言われてみないとほぼ誰も意識していないのが悲しくて恐ろしい現実です。

第1章で見てきたように、そもそも「置かれている前提を疑わない」という日本の歴史に由来する思考姿勢は、今の日本においては社会規範ともなっています。

さらに言えば、社会規範になってしまっているところに、思考停止という我々の命運を左右するようなことがこんなにも当たり前に起こっている原因があるのです。

つまり、こうした一連の構造をほぼ誰も意識していない、ということが、無自覚の思考停止が日本を覆いつくしている、という問題の深刻さを表しているのです。

ただし、前提（枠）を置いて、その枠内でものごとを処理すること自体が間違っているわけではありません。前述の通り、これは定型業務をさばいたりするときには非常に効率的なやり方だからです。

問題なのは、〝枠〟を置くことが当たり前になっていて、〝枠〟の意味を問い直す姿勢を持っていないことです。つまり、〝枠〟を外して考えなければならない場合と、〝枠〟で処理したほうがいい場合の区別ができていない状態です。

実のところ、私たちが無意識のうちに前提にしてしまっている〝枠〟はたくさんあります。場合によりますが、自分の立場や役職、上司の意向や先輩が言ったこと、さまざまな取り決め、前例などが〝枠〟になってしまうからです。

加えて非常に重要な意味を持つのが、目の前の現実を〝枠〟にしてしまう思考姿勢です。目の前の現実を〝枠〟にしてしまい、〝枠〟の範囲で現状から出発して「どうやるか」ばかりを考えていく姿勢を持ってしまうことにも大きな問題があるのです。

この姿勢が問題なのは、このように現実からの積み上げ方式で考えていくと、どうしても、創造していくのに不可欠な〝飛躍〟というものが生まれにくいので、到達しやすい目標ばかりを持つことになってしまうからです。

というのも、現実を起点に考えると、「できるか、できないか」の話になりやすく、難しそうな話は、すぐに「無理」となってしまうのです。

そんなこともあって、本気で改善活動をやろうとしている現場では、改善テーマを決めるとき、「できるか、できないか」は考えないようにしているのが当たり前なのです。

「困難かどうか」は別にして、やり遂げることに意味があるテーマを見つけ出すことに意義がある、ということを意味しています。

難しいテーマをやり遂げようとしたとき、妨げている制約がたくさん見えてきます。その洗い出した制約を一つずつ見極めるのです。

「なぜ制約になっているのか」「マイナスをプラスにする逆転の発想はできないか」などといった、制約を克服する方策を多方面から考え抜くことで、飛躍を現実のものにしていこう、といった思考姿勢が必要です。

「現実は正確に把握する」ということ自体は絶対に必要なことです。しかしながら、そのことと「現実を〝枠〟にしてしまわない」――つまり、「現実起点でものごとを考えない」――ということを混同してしまってはならないのです。

新たな価値を創り上げるために欠かせない「役割意識」

　"現実"という意味では、自分の役職も現実の一つです。

　安定した従来のビジネスモデルの会社で働く人々は、自分の役職が"枠"になって思考に制限をもたらしています。

　その制限された思考が、新たな価値を生み続けることが至上命題となっている今、どれほど大きなダメージを日本社会にもたらしているのか、役員を例にとって考えてみましょう。

日本の会社の役員はほとんどの場合、担当部署を持っています。常務取締役、○○事業部の事業部長などといった具合ですが、こうした場合、自分が就いている役職が思考に制限を加える〝枠〟になってしまっていることが多いのです。

私が今まで知っている限り、ごくわずかの例外を除けば、「この会社におけるあなたの役割は何ですか」という問いに対しては、「私は○○事業に責任を持っています」という役職に準拠した答えが返ってきます。

このことは、「私は役職の範囲内に責任を負っています。それ以外は私の責任ではありません」と言っているに等しいのです。

こうした「役職意識」と、私が「役割意識」と呼ぶものの間にはそもそも違いがあります。

日本でビジネスモデルのしっかりとした会社で働いている人々の大半が持っているのは、役割意識というよりは役職意識です。

それぞれが役職をまっとうすることで会社は回っていくわけですから、当然といえば当然です。

ただ、この「役職」というのは、与えられている任務の守備範囲がそれなりにはっきりしていると受け止められているため、意識の面では無自覚な〝枠〟として機能しやすいのです。

この〝枠〟を持っていることが、今までの経験から引き出すことのできる答えの中ら適切なものを選び、上手にさばく、という意味では、それなりの効率性をもたらしてきていたのです。

ただ問題なのは、誰の守備範囲かがわかりにくい仕事、いわば、サードもショートも自分の守備範囲だとは思いたくない〝三遊間のゴロ〟のような仕事が、環境の変化が激しい時代においては頻繁に発生するということです。

ですから、経営者としては、日々多くなっている〝三遊間のゴロ〟であっても、当たり前にカバーしてくれるような会社であってほしい、と思っています。

多くの社員が指示待ちになっていて、〝三遊間のゴロ〟を拾う人間が少ない、という現実が起こる理由の大半は、役職意識に閉じこもったまま仕事をしている人間が圧倒的に多いことにあると言って間違いありません。

一方で、役割意識というのは、必ずしも決まった守備範囲（〝枠〟になりやすいもの）が明確にはじめから置かれている、というものではありません。

そういう意味では、考える深さと広さによって違いが出てくることがあります。つまり、深く考えれば考えるほど変わっていくものが役割意識なのです。

すなわち、「そもそも自分はこの会社で、この部門でどういう役割を果たせばいいのだろう」「そもそも何のために自分は働いているのか」といったような〝意味や目的、自分が果たす役割がもたらす価値〟などを深く思考すればするほど、自分が意識する自分の役割に広がりと深みが出てくるということです。

そのようにして自分の役割をしっかりと思考しようとしている社員は、経営にとってはまさに宝のような存在であり、当然のことながら、役員にはより一層強く求められているのが、この役割意識です。

役員という存在を役割として捉えるなら、最初に来るのが「全社の経営の責任を負う」という役割です。

役員であることのそもそもの意味や果たすべき役割を各自が問い直すことで、役員が持つ役割の範囲や深みが違ってくる。そして、その役割の範囲と深みの違いが会社の命運を左右するのです。

役員が役割意識を持つことで大きく変貌しつつある有力企業の例をご紹介します。

トヨタ系の自動車販売会社であるアンビシャスグループ北海道（ＡＧＨ）という会

社です。トヨタカローラ札幌、札幌トヨペットなど多くの会社を傘下に置き、従業員約2600名、売上高約1000億円超のトヨタグループ内でも堅実な実績を残してきた優良企業です。

しかし、今は業績もしっかりしているのですが、先々のことを考えると、クルマの販売という事業は極めて不透明だ、ということはわかっています。

誰にも予測しきれない未来がそんなに遠くなく待っている。それに対応するには、今までの人員体制では不可能なのは見えている、と自覚しているわけです。

そんな背景もあって、二人の経営トップ（オーナーであった会長と、会長がトヨタから18年前に引き抜いた社長）の強い意志で、今までのオーナー経営から、役員持株会や管理職持株会も加わった自主経営へと、経営の在り方の大転換を果たしました。

自主経営に込められた意味は、「役割意識」が役員全体に浸透することを出発点に、大変革を遂げようと、いうことです。それに合わせて、社名からトヨタやクルマを連想させる言葉も抜いた新会社を設立したのが、2021年10月のことです。

そこからさかのぼること半年あまり、10名ほどの経営陣の持つ強い「役職意識」にゆさぶりをかけ続けるための議論が開始されたのは、2021年3月ごろ。

その積み上げられた議論から見え始めてきたのが、「『志を持つ人がその志を実現できうるようなプラットフォームを創る』のが会社の使命」という会社の姿勢の必要性でした。つまり、「自己実現をしたい人が集まる会社にしていこう」というわけです。

そういう方向性が見えてくると、当然のことながら、一人ひとりの役員の役割にも広がりと深みが要求されるようになっていきます。

「志を持つ人がその志を実現できうるようなプラットフォームを創る」という明確なミッションが掲げられているため、役員が役員として果たさなければならない役割が見えてきやすくなったというわけです。

すなわち、「役員自らがどのような自己実現をめざしているのか」がまず問われます。それだけではなく、「役員自らも自己実現に向けて努力をしている」という意味で、役員がモデルであることも求められてくるのです。

ですから、役員であり続けることのハードルは間違いなく上がっていきます。「役割意識で働く」というのは、そういうことでもあるのです。

そのように役員が役員としての役割意識を持ち始めると、役員の〝一枚岩化〟が進みます。

その結果、役員の近くにいる人たちにも、「会社は本当に変わるかもしれない」という期待が生まれてきます。そんな気運が高まっている会社を、次に紹介します。業界的にも組織の体質が古く、今までは「この体質が変わる（変えられる）」とは誰も思っていなかった会社が本気で変わりつつあるのです。

東芝のグループ会社で、2年ぐらい前まで一部上場企業だった「東芝プラントシステム」というプラント建設・エンジニアリングの会社です。会社の業績も非常に堅実に推移しています。

しかし、四つある事業部はそれぞれ成り立ちも違い、独自性が強く、事業部長の交流もほとんどありませんでした。

しかもさらに大きな問題は、事業部長はプロパー（直接採用の社員）なのですが、社長をはじめ、総務部や経営企画部などのスタッフは東芝出身で、その間には大きな溝が横たわっていたのです。

役員の〝一枚岩化〟などと言っても、少し前までは誰にとっても夢でしかなかったのです。

ところが、約1年前から、世話人になった役員たちと私たちの対話が少しずつ始まり、慎重に準備を積み重ねた上で、昨年10月に経営陣の合宿を行なうところまで持っていきました。互いの信頼関係が生まれ始めたこの合宿を起点に、互いに心理的な安心感が芽生え、経営は大きく動き始めたのです。

実は、役員の最初の合宿がおおむね上手くいというのは、よくある話です。初めての合宿によって、今まで想像もできなかったくらいに役員同士のコミュニケーションがよくなることが、大きな第一歩であることは間違いありません。

しかし、東芝プラントシステムは、そこで満足してしまうのではなく、合宿の後、「オフサイトミーティング」を絶やすことなく続けたのです。

オフサイトミーティングとは、欧米の組織開発用語では「離れた場所で行なう会合」を意味します。ただし、ここでいうオフサイトミーティングは、私がもう30年以上前から提唱し、自らもやり続けてきた「立場を離れてまじめな話を気楽にする」という日本式のオフサイトミーティングのことです。

私が人生の中で、オフサイトミーティングに費やした時間はかなりのものになると思います。オフサイトミーティングは、気楽に話をする場ではあるものの、非常に集中を要する場でもあり、頭を使います。しかも、通常、比較的長い時間やるので、正直なところ、終わったらいつもぐったりしてしまいます。

このオフサイトミーティングを約半年の間に、役員らが半日集まって行なう形で10回実施し、濃厚な対話を積み重ねました。

その結果、役員が今まで持っていた役職意識を役割意識へと進化させるとともに、自らが果たすべき使命に対する価値観や考え方にも大きな変化が生まれつつあるのです。

数回目のオフサイトミーティングで、みんなで決めた働き方改革の主題が「会社の成長と社員の働きがいの両立をあきらめない」というものになったところに、実際に行なわれた対話の質の高さを垣間見ることができます。「あきらめない」という表現の中に、単なるスローガンと違う、積み重ねてきた〝みんなの思い〟がこもっています。

さらにその副題として、「当たり前（前提・前例・常識）を問い直す」がくるのです。当たり前を問い直し続ける姿勢を保ち続けることが、会社の成長と社員の働きがいの両立をあきらめずにやっていくことにつながる、というわけです。

そして次第に、このものごとの本質を捉えた質の高い主題と副題を、単に働き方改革の主題・副題としてだけではなく、「これから会社を変えていくための共通基盤にしよう」ということになっていったのです。

すなわち、「この共通基盤を実現していくことこそが、役員が意識すべき仕事であり、役割だ」とも言いえます。ちなみに、ここでいう「共通基盤」が意味するところは、先ほど紹介したAGHの「プラットフォーム」と同じです。

このような役割意識で仕事をし始めると、次に出てくるのが、「役員の役割とはそもそも何か」という原点に戻る〝問い直し〟です。

役員は、会社の中では非常に大きな存在です。大企業の大きな事業部の事業部長などは「天皇」と呼ばれていたりするのが普通だったりもします。つまり、大きな存在である役員でなくてはできないこと、というのが、実は意外にたくさんあるのです。

たとえば、こうした経営の共通基盤（プラットフォーム）を創り上げていく、などということは役員でなくてはできません。

大きなプラットフォームが本当にしっかりとでき上がってさえいれば、会社の中で起こるさまざまな問題——たとえば、忙しすぎて人が足りない、さらには昇進の基準が不透明、といったような問題——の根本的な解決はしやすくなるのです。

しっかりとした中身のある共通基盤を創り上げることで、「どういう人材を会社は求めているのか」「どういう仕事に価値を認め、どういう仕事には価値を認めないのか」などが明確になるからです。

この共通基盤を創り、それを実務に落とし込んでいく作戦を実行に移していくことこそが役員の使命なのであり、その使命をしっかりと果たすことこそが役員には求められている、ということです。

この二つの事例からわかるのは、明確なミッションが掲げられていると、役員が役員として果たさなければならない役割が見えてきやすくなるということです。つまり、役割意識を持ちやすくなるのです。

役割意識をしっかり持った上で、その役割の一部を明確にした「○○事業部長」などという役職意識を持つこととは、単なる役職意識とは本質的な違いがあります。

しかし、多くの日本の会社では、そうはなっていないのが現実です。

日本の多くの会社で、社長と同じ目線でものごとを見て、一緒に考えることができる役員が決定的に少ないという事実は、こうした役割意識の欠如が背景にある、と思われます。

多くの場合、役員の頭の中は「○○事業部の責任を持つ」という役職意識が占め、〝枠〟になったその前提の範囲で目の前にある従来型の業務をさばくことが、自分の任務のすべてになっているわけです。

そのような状態だと、実務をただ懸命に回し続けることになり、自分が担当している事業が、明らかに時代に取り残されているような状況に陥っているときであっても、その事業を新陳代謝する方向での思考は進みません。

本来の意味での役員であれば、会社全体の中に事業を位置づけ、その〝意味や目的、価値〟を考えるべきところなのに、その事業単体のことに視野が限定されているということです。

これは、いわば、「役員でなくともできる仕事」に専念し、「役員でなくてはできない仕事」には手をつけていない状況です。

本来であれば、「役員でなくてはできない仕事とは何か」を考え行動するのが、役員の最も重要な役割です。それなりの規模の会社になると、「役員は役員でなければできない仕事以外はしない」という宣言をするくらいでなくてはなりません。

ところが、「役職」などのような置かれている前提を無意識のうちに〝枠〟として固定してしまい、その範囲で「どうやればいいのか」でさばき始めることが多いのが私たちの現実です。

まさにこうしたことを〝現代の思考停止〟と呼んでいるわけです。

それなのに私たちには、前章で見てきたような歴史由来の思考習慣が根付いてしまっているため、「前提」を問い直すことを何となく面倒くさがったり嫌がったりしてしまいがちです。

それに、「前提」を問い直すなどと言うと、裏切りや反乱を起こす、といった悪事でも働くかのような感覚にとらわれてしまうのが当たり前になってもいるのです。

確かに、前提を問い直す姿勢を持たないということは、当面の安定や効率はもたらします。しかし、そのことが思考停止を呼び起こし、新たな価値を生むことを妨げ、会社の未来に暗雲をもたらす可能性が強くなる、ということにもつながるのです。

役職意識で仕事をしている人は、「与えられている」役職が無意識の前提となっているため、与えられたタスク（作業課題）というごく狭い視界に向けての極めて限定的なアンテナしか立っていない人がほとんどなのです。

広い視界に向けてアンテナが立っていないということは、ものごとを考えるための十分な情報が入ってきていないということです。

新たなビジネスモデルの創造、新たな価値を創り上げることが必須となってきた現代だからこそ、必要とされるのは広い視野に基づいた役割意識なのです。

日本の会社の本質的で致命的な問題点「枠内思考」

安定優先の経営姿勢を長年続けてきたことが、安定重視の社会規範を私たちの意識の中に蔓延《まんえん》させています。

その結果、「予定調和」であるとか「前例踏襲」といった思考姿勢が多くの伝統ある会社では当たり前の規範となっているのが現状です。

では具体的に、「予定調和」や「前例踏襲」で組織が運営されると、どういう状況で思考停止は生まれてしまうのでしょうか。

「予定調和」というのは、そもそも最初から確定している結論に向かって、そこから逆算した道筋をただ辿っていく仕事の進め方です。そこにいる人間は無意識のうちに予定された結果を念頭に置き、つまり、予定された結果を前提に業務を処理します。

そのような状態を、私は「結論が『動かせない前提』という〝枠〟となっている」

と表現しています。この場合、業務は〝枠〟の範囲（頭の中にある想定）で処理すれば済むので、自分の頭でものごとの本質を深く考え抜くといった必要は基本的にありません。

「前例踏襲」も同じです。前例という過去の経験を〝枠〟として、それをなぞってことを進めればいいのですから、そこでも新しい発想や頭を使って考えることは必要ないのです。

不動の前提を〝枠〟とし、その〝枠〟の範囲で業務を処理するのは効率的で、気持ちの上でも、頭を使わないという意味でも、楽なのです。この楽で効率的な思考を「枠内思考」と呼んでいます。

意識して努力をしない限り、楽なほうを選んでしまうのが人間という生き物です。気がつけば、非常に多くの無自覚な「規範」が〝枠〟となっているのが現実です。

無自覚な「規範」というのを具体的にあげてみると、先ほどから出てきている予定調和の考え方、前例、上司の意向、お客様の意向、社内の作法、法規、予算、部門の壁などいくらでもあります。

無理をして面倒なことを考えるより、それで済むなら何も考えずに動くことを選択してしまいやすいのが、私たち人間です。上司やまわりの空気から、考えないことを望まれていると感じるなら、なおさらそうしてしまう人が多くなるのは当然だということです。

この楽で無自覚な枠内思考という思考停止状態は、平成以降、多くの日本の会社がいつの間にかなじんでしまった本質的で致命的な問題点です。

つまり、変化をめざすことが不可避である状況になっているにもかかわらず、無自覚の中にこうした多くの規範が〝枠〟をつくり上げ、思考停止を呼び起こしてしまっているのです。こういう状況に気づけば、思考停止を排除できなくなっている事態がありとあらゆるところで起きている、ということがわかります。

そして、これこそが日本低迷の発生源と言ってもよいのです。

日本、そして、日本の会社の将来にとって問題なのは、結局のところ、思考停止という現象がまさに日常茶飯な現象となってしまっている、ということに集約されます。規律や作法や思惑が〝枠〟となって社員の思考を縛り、制限された行動が強く出る環境の中で、考える力は育つはずがないのです。

枠内思考という思考停止は、身近で無自覚に根深く存在しているからこそ、最も大きなダメージを与えている、ということでもあるのです。

日本人が持つこの無自覚な思考停止という性向を放置したままだと、経営の中枢（本社部門など）も今まで通りの発想で「混乱回避」を上位に置いた仕事を続けることでしょう。そのようなことでは、前例踏襲で動き続ける組織が減るわけがないのです。

これを変えようと思うなら、経営陣一人ひとりが本当に本気でチームとなり、組織風土改革も織り込んだ方針の大転換をすることが必須です。今のままだと、どうしても深く掘り下げる思考が働かないままになってしまう、ということです。

自分のキャリアを会社都合で決める日本人

そのような問題意識もあり、私はこれまで、企業改革のサポートを自らの社会的な使命と定め、取り組んできました。

企業改革の推進力を強化するためには、改革をしたいという思いを持つ企業人同士の連携を高めることがどうしても必要になります。

そして、連携を高めるためには、互いの心理的な安心感をつくり上げるステップを重視しなくてはなりません。

日本の場合、この心理的安心感をつくり上げるのは他の先進国と比べると、実のところそれほど難しくはないのです。

というのも、一定の環境さえ用意すれば、お互いに自分に似た「何か」を共有しようする感覚を多くの人が持っている、という人間関係における強靱《きょうじん》な強みが日本人にはあるからです。この感覚を私は「日本人が持つ共感力」と名付けています。先輩後輩意識や互いが持つ甘えの関係がプラスに働くシチュエーションや環境を用意するのは、やり方さえ間違わなければ、それほど難しくはないのです。

企業改革の最初のステップでは、「ジブンガタリ」という、一人ひとりが自分のことを自らの言葉でじっくりと語る時間を大切にしています。単なる経歴ではなく、自分が経てきた人生の中で感じたことや考えたことなど、自身の生きざまを互いに語り合ってもらうのです。

この時間での唯一の譲ることのできないルールは、互いに相手の話に耳を傾けて、その人が本当に言いたいことをじっくりと聴く、ということだけです。

こうした時間を、話しやすい雰囲気を醸成してから持つことができれば、参加者はかなりオープンに自分のことを話します。

そんな機会を非常に多く体験してきた私ですが、実は、たくさんの人のこうした話を聴く中で、日本人の生き方には非常に大きな問題が潜んでいる、と感じていることがあるのです。

それは、企業人の多く、特に中枢に位置する人ほど、自分の人生の中で非常に重要な意味を持つはずの自身の人生の転機を、自分の意志とはまったく関係なく、会社の意志、もしくはそのときの人事を担当した他人の意志で決めていることです。

日本の人事や採用の仕組みがそうなっているので、これは日本企業としてはごく当たり前のことです。ですから、多くの人は特に意識していないのですが、よく考えてみると人生の在り方にとっては非常に重要な意味を持っているのです。

「どの部署で仕事をするか、勤務地をどこにするか」は、場合によっては自分の人生を決定づけてしまうような重大な事項であるにもかかわらず、自分の意向とは無関係に他の人の判断で決まるのが、日本という国の基本的な仕組みだということです。

日本企業が成り立っている人事の仕組みそのものがそうなっているのだから、一人ひとりにとっては仕方がないことではあるのです。

ただし、企業では当たり前のこととはいえ、日本のサラリーマン人生はそういうことの連続なのだ、ということの持つ潜在的な意味の大きさを思わずにはいられません。

これは日本ではごく普通のことですから、会社勤めをしている人の多くがそうやっているわけで、取り立てて問題がそこにあるとは思っていません。問題自体は薄々感じてはいても、仕方のないこと、受け入れざるをえないことだと思っているわけです。

確かに、受け入れざるをえないというのが現実でしょう。そこに問題があるというのなら、日本での会社人生はそもそも成り立たないからです。


しかし、私がこうしたことにあらためて問題を感じるようになったのは、そこに生じている「違い」に非常に大きな意味があることがわかってきたからです。

その「違い」とは何か、といえば、自分の人生を会社の意志で決めてきた人と、自分の意志で決めてきた人の、思考の在り方の「違い」です。

多くの人の「ジブンガタリ」を聴いていると、少数ではあるのですが、自分の意志で自分の人生をつくり上げてきた、という人にも出会います。

それはどういう人なのかといえば、一つは自分の意志でリスクの伴う転職を決行してきた人です。自分の人生をリスクの伴う自らの決断で決めてきた、という経験は、順調に過ごしているサラリーマンでは味わうことのない経験です。

それが上手くいったかどうか、本人が自覚しているかどうかは別にして、非常に重要な痕跡をその人の思考姿勢の中に残していることが見えてくるのです。

つまり、普通の会社員なら、多くの場合には向き合う機会のない、「働くとはそもそも自分の人生にとって何を意味することなのだろう」とか、「この会社で働くことが自分の人生にもたらす意味は何だろう」とか、簡単には答えの出ない問いと向き合わざるをえない経験をいつの間にかしている可能性がある、ということです。

転職のような「人生の荒波にもまれる経験」はそのほかにもいろいろあります。もう一つの例でいうと、海外の子会社などで、重要な意思決定を自分の責任でせざるをえないような立場を経験してきた人もそうです。

会社にもよりますが、日本にいるときとは違い、言葉も人種も商習慣も異なる厳しい環境の中で、本社からの余計な干渉が少ない代わりに、サポートもあまり期待できない状態を経験している、ということです。

この人たちも、自分の意志で転職を決断してきた人と同じように、過去の経験から答えを簡単には導き出すことのできない、正解のない「問い」と向き合わざるをえない経験を知らず知らずのうちにしてきているのです。

さらに付け加えれば、がんなどの重い病気や大けがで何カ月もの入院を余儀なくされてきた人、もしくは会社人生で降格、左遷といった大きな挫折を味わったことがある人なども、そうです。

これらの人たちに共通するのは、順調な人生なら特に見直す必要もないような「問い」——つまり、自分の人生とはそもそも何だったのか、何のために人は生きているのか、働くとはそもそも何なのだろうか、といった本質的な「問い」——と向き合う時間を持ってきた、もしくは、持たざるをえなかった、ということです。

すでに述べてきたように、こうした「問い」は、私たち日本人にとってあまり慣れてはいない、決まった一つの正解が用意されているわけではない「問い」です。

しかも、考えることなしには、思考力なしには向き合うことができない「問い」でもあるのです。

つまり、これらの人たちは、本人が意識しているかどうかは別にして、今、日本企業が最も必要としている「考える力」を駆使せざるをえないような経験をしてきたということです。私が言う「違い」の持つ意味とは、まさにこのことです。

このことからわかるのは、考える力を身につけるためには、正解が用意されていない「問い」と本気で向き合うというステップがどうしても必要とされるということなのです。

ただ、残念なことに優秀であったはずの企業人の多くは、こうした経験をまったくしないままに会社人生を送っていることに何の疑問も持っていないのが現実です。

それというのも、特に「考える」という力を持っていなくとも、「どうやるか」さえ考えていれば、従来通りの日常業務なら回していくことはどうにかこうにか可能であるため、自分が思考停止に陥っていることに気づきにくいからです。

「どうやるか」だけでさばくような思考姿勢であっても、予定調和や前例踏襲での対応を求められるだけであれば、特に問題は出てこないのです。

この「どうやるか」だけでさばく思考姿勢こそが、私が問題にしている無自覚の「枠内思考」というものです。

つまり、何らかのルールや約束事、または前例などを制約条件として、それを〝枠〟と捉えることで、〝枠〟を前提として〝枠〟の範囲で「どうやるか」だけを選択肢の中から選ぶ、という思考の仕方に無自覚になっている、ということです。

ただし、そんな枠内思考が現実の仕事でまったく役に立っていないかというと、そうではありません。

　あらためて確認しておきたいのは、枠内思考は新しい価値を生むことには適していないけれども、従来の価値を再生するオペレーションを実行するためだけなら、シンプルで効率的な思考方法だということです。

　既存のビジネスモデルにおいて、すでに経験のある業務を単純にさばいたりこなしたりするときには、枠内思考が効率的に使えるオペレーショナルな思考方法であることは間違いないのです。

　そもそも実際の仕事の半分以上は、現状のビジネスモデルをできるだけ効率的に回していきさえすれば済む仕事です。そういう仕事であるなら、特に何も考えずにただ処理を早く終えることに意味がある、といったことが現実的でもあります。

　そういう意味で言うと、仕事の内容によっては、枠内思考は十分有効に機能しているわけです。

無意味なコンプライアンス研修が生まれる理由

とはいえ、パワハラやセクハラ、粉飾決算などといった企業のコンプライアンス問題が頻発している背景にも、この「枠内思考」の存在が少なくない影響を及ぼしているのは間違いありません。

何か問題が起きたら、その対策として、コンプライアンス研修のための事務局がつくられる、というのはよくあるケースです。

しかし、世の中のコンプライアンス研修には、単にやってはならないことを羅列し、やってはならないことを連呼する、というような中身のものがけっこうあり、問題の解決につながっていないことのほうが多いのです。

そのようになってしまうのは、そもそも研修を設計している人たちの思考姿勢が、問題の本質に向かわずに、すぐに「どうやるか」を考えてしまう枠内思考になっているからだと思われます。

コンプライアンス研修をする、という目的でつくられた事務局のメンバーは、近いうちに研修を実施することが求められている、という前提に立っています。

したがって、彼らが最初に考えるのは通常、「効果的な研修をするにはどうやればいいのか」です。そのため、まず何のためにこの研修をするのか、はサラッと簡単にまとめます。その後は、具体的にどうやるのか、への関心が中心になっていくのです。

しかし、本当に時間をかけて議論を深めておく必要があるのは、コンプライアンス研修を行なうことになった原因、つまり、そもそもどういう理由でコンプライアンス問題がこんなに頻繁に発生しているのだろう、といった問いに対する考えです。

もちろん、自分たちなりに明確な答えを持っているなら話は別です。しかし、それほど簡単に答えを持てるようなテーマではないはずです。にもかかわらず、目的をサラッとまとめてしまって先へ進むことが問題なのです。

簡単には答えの見つからないこういう議論をしっかりと深めていくことができれば、実は、コンプライアンス問題を引き起こす現場に欠けているのは、「一人ひとりのコンプライアンス意識」などではなく、「チームとして大事にしたい価値観の共有」であったりする、といったことも理解できるようになってきます。

と同時に、「なぜ」「どういう理由で」というふうに、ものごとの背景を深く考え抜く力や経験の不足という現実があるのです。深く考えるということを経験したことがないから、すぐに「どうやるか」を考える方向に走るのです。何も悪意があるとか、いい加減に仕事をしようと思っているからではなく、「考える、考えない」の違いがそもそもわかっていない、ということです。

「〝考える〟ということがどういうことなのか、どういう効果をもたらすのか」を自分で経験し、違いを体感した人は、考えることによって、自分たちなりに深めた課題を見つけ出すことができるようになります。見つけた課題に焦点を当てて互いに議論することも可能になります。

この「問題を発見しよう」という目的意識さえ明確であれば、議論の焦点が問題の本質に突き刺さっているかどうかは別にして、やってはいけないことを単に羅列するだけで済ませるようなおざなりの研修ではなく、ねらいをはっきりさせた研修の設計ができるようになります。

そうすれば、仮に問題の本質を明らかにすることに失敗したとしても、その失敗から学び、次のステップとして、より焦点を絞り込んだ議論をすることも可能になるのです。

議論の焦点が問題の本質に合ってくると、言うまでもなく対応も違ってきます。

しかし現実には、枠内思考に陥っている事務局から出てくる対応策は、多くの場合、問題の本質を追究するようなものではなく、今まであった規制をさらに厳しくするようなものばかりです。

明確なルールを持ってさえいれば、コンプライアンス問題を引き起こしてしまうような個々の判断に迷いを生じにくくさせられると考えるわけです。

ところが、細かな規則をつくり、基準を明確にすることで、何も考えなくても判断できるようにする傾向は、結果として規制の過剰な押しつけをもたらします。こうした場合の規制は、納得するかしないかに関係なく、無条件に自分たちを縛る〝枠〟として機能するのです。

同じ規制であっても、自分たちが関与してつくってきた規制は、意味を理解している自分たちが必要としている規制です。そのような規制は、思考に〝枠〟をはめるという性質であるとは限りません。その意味や価値がわかっているため、〝判断のための基準〟としての役目を果たしてくれる可能性があるのです。

納得できる規制なら「守らなければ」いう主体的な意思が働きやすいのですが、納得できない規制、意味が腑に落ちていない規制の場合、もしミスが起こっても隠せるものなら隠そうとすることが問題になります。

しかも問題はそこで終わらず、ミスを隠した場合、ミスから学ぶ機会が失われるので、また同じミスが起きたり、別のミスを呼び起こしたりもするのです。

出てきた問題の当面の解決だけで、真の解決にはつながらない〝もぐらたたき〟でよいなら、規則さえつくれば十分です。

しかし、次から次へと積み重ねられていく規則、つまり増殖する張り巡らされた規則という〝枠〟を使ってとりあえずはことを収めているうちに、さらに規制を強めざるをえなくなることが増えていきます。

その結果、〝無自覚な過剰保険〟とでもいうべき膨大な規制によって、次第に身動きが取れなくなっていくわけです。

この場合に問題なのは、根本的な問題解決を積み残したままであること。さらにもっと問題なのは、なぜこのような問題が生じてくるのか、といった問題の根本原因に迫るための思考力が使われていないことです。

言うまでもなく、本当に問題の再発を防ごうと思えば、問題発生の根本原因を消滅させることが必要です。そして、そのためには、問題が発生する根本原因をはっきりさせる思考力が求められている、ということです。

コンプライアンス問題の発生を根元からなくすためには、「なぜこうした問題が生じるのか」という本質を探求する問いと向き合い続ける姿勢を養っていくことが必要です。

人間は失敗する生き物である事実を認め、「なぜ」「何のために」を繰り返しながら問題と真摯《しんし》に向き合う姿勢があってこそ、起こしてしまった失敗から徹底的に学び、次の失敗を起こさないようにしていくことが可能になります。

そのように問題と真摯に向き合うことを通じて、もぐらたたき的な解決ではない、根治治療に向けた見通しや段取りも見えてくるのです。

しかしながら、コンプライアンス問題が生じるたびに、生じた問題に対応する細かな規則を次から次へとつくり続ける、という悪循環を続けているのが、枠内思考が優勢になった日本の会社なのです。

日本社会を衰退に導く無自覚な「閉じる場」

こうした枠内思考が日本社会の中に蔓延した結果として生じているのが、「閉じる場」です。

「閉じる場」とは、前例踏襲や予定調和を前提としてつくられている〝場〟であり、滞りなく安定的に執り行なわれることがすべての前提になっている〝場〟のことです。

しかも、閉じる場は、枠内思考の蔓延が生み出す場である、と同時に、閉じる場が生じることによって枠内思考がさらに助長されていく、という悪循環を起こしている場でもあるのです。

たとえば、「日本の中心に位置し、社会全体に大きな影響力を持っている人たちがまじめな顔をしてこんなことをやっているのか」と、あまりのひどさに心底驚いた体験があります。まさに、そこで起きていたのは、枠内思考と閉じる場が生む悪循環そのものでした。

十数年前の話になるのですが、ある日本を代表するような公団の理事会を対象とした講演を頼まれたときのことです。「何とか今の公団を変えたい」という強い思いを持つ若い課長からの依頼でした。

実際に講演をしてみた結果は、一人の課長の熱い思いなどではどうにもならない、タテマエと予定調和でがんじがらめになった公団とその理事たちの世界が私の前で露《あら》わになったということでした。

講演後はディスカッションの時間を十分に取っている、ということだったので、通常の「ディスカッション」をイメージして、それなりにやり取りができるものと思って場に臨みました。しかし、実際に体験したことはまったく予想とは違って、驚くような出来事だったのです。

まず、講演前に司会者がディスカッションなるものの発言者とその順番を指名したことから、私にとっての想定外は始まります。

発言したい人同士が意見を交わすのがディスカッションというものであって、事前に発言者を指名する、などというのは考えられないことです。

そのとき指名されたのは、講演の聴講者である理事たちではなく、大物の経済人、労働組合の委員長、といった理事以外の人たちです。

ディスカッションと称する場での発言が、「意見があるかどうか」ではなく、「どういう立場で参加しているか」で決められていることが、まず驚きでした。

それに、講演の前から終了後のディスカッションの発言者を指名する、などというのはさすがに経験したことがありませんでした（よくあるのは発言者がいないと困るのでひそかに指名をしておいて、発言させるというものです）。

その結果、〝講演の後のディスカッション〟とは言いながら、彼らは事前に準備してきたと思われるストーリーに沿って話をしました。私の講演内容を理解しているのかいないのか、話の内容は講演とはまったく関係のない儀礼的なものでした。

改革者の一人といったイメージでマスコミに取り上げられていた大物の経済人も、こうしたことに何の違和感も持たずに、そうした役回りを務めていました。

しかもさらに驚いたことに、講演者である私には一言も話をする機会は与えられませんでした。発言者はまったく無関係の話を続けているのですから、私が感想を述べたり、意見を挟んだりする意味もなかったのです。

講演後に理事の一人からよい話だったというメールをいただきましたが、もちろんこういう方にも発言の機会はありませんでした。

日本を代表するような公団の理事会を構成している人たちが、そういうものをディスカッションと称しているのだということは、私にとっては衝撃でした。

しかし、これはたぶん、氷山の一角でしかないのだろうと思います。

日本の中核を占めるこういう人たちが無自覚に（たぶんおかしなことをしている、とはまったく思わず）このような予定調和の仕事のやり方をしている。しかも、ディカッションと称して思考停止の儀式のような「閉じる場」を続けている限り、日本に未来はない、ということは、理性を持った人間なら誰が考えても明らかだろうと思うのです。

〝思考停止の儀式〟を育んできた日本の公教育

こうした〝思考停止の儀式〟とでも言いえるものをディスカッションと称して大まじめでやっている私たちを育てているのが、教育です。

労働組合なども含め、日本中で広く当たり前に行なわれている安定優先の儀式化した会議なるもののありようは、日本の公教育にルーツがあると言ってもよいでしょう。

「閉じる場」に対して、予定されたシナリオを持たない場のことを「拓く場」と呼んでいます（詳しくは第4章で解説します）が、人を育てるはずの教育の場がどちらの場で成り立っているかが、私たちの将来に非常に重要な意味を持ちます。

どちらが望ましいかといえば、ここまで読み進めてくださったみなさんであれば、すでにお気づきでしょう。そう、「拓く場」です。しかし残念ながら、現実の日本の公教育は「閉じる場」で成り立ってきました。

日本の過去の公教育の中心は、知識の教育だと言われてきました。すでにある情報（知識）が答えとして用意されているのが、日本の公教育だったわけです。

そして、先生は答えを知っているもの、といった発想に象徴されているように、教育という場は、上には従う、といったシナリオがしっかりと定められているものだったのです。

こうした特性が、私が「日本の公教育＝閉じる場」と言う所以《ゆえん》です。

ではなぜ「閉じる場」が日本の公教育の中核を占めるようになったのでしょうか。

明治以来、海外先進諸国に追いつくことが主な目的とされてきた日本の公教育の主要課題は、西洋諸国にある手本をいかにして早くよりよいものにして取り入れていくかでした。まったく新しいことを自分たちの力で生み出すといった手間暇のかかることをやっている場合ではなかったのです。

つまり、言われたことをきちんとこなし、効率よく答えを導く、複雑なオペレーションでもスムーズにやり遂げる能力を養うことを可能にする「閉じる場」が、経済界からの当面の要請にも適していたのです。

この「閉じる場」の教育は、知識を教えるのが教育、という、歴史由来の伝統ともマッチしていることもあって、何の違和感もなく日本の社会に溶け込んでいったと思われます。

以前から指示待ち人間の多さを嘆く声がよく聞こえていましたが、そもそも日本の教育はきちんと指示をこなせるような人間を育てることを目的の中心に置いてきた、といっても間違いではないのです。そして、そのためには「閉じる場」が極めて有効に機能した、ということです。

しかし、この閉じる場と枠内思考が表裏一体の関係にあることからもわかる通り、閉じる場では基本的に思考力を必要としません。

閉じる場では、ものごとをその本質にまでさかのぼって、「なぜ、何のために、そもそもどういう意味があるのか」などと考えるチャンスがまったくないのです。

答えはすでにある選択肢の中から選ぶものであり、選ぶときに必要な思考力といえば、まさに最低限のそれしかいらないのが、閉じる場です。

閉じる場の強みは、その安定性です。余分なゴタゴタを起こさない、持ち込まないのが、閉じる場です。

ですから、事前にシナリオが描かれるのは当然で、その場を構成するメンバーの序列や上下関係などは安定性に寄与する重要な項目です。そういった項目を織り込んだシナリオに沿って閉じる場の運営はなされるものなのです。

「枠内思考⇒閉じる場⇒枠内思考」という悪循環を断ち切る

私たちは今、時代が求めている大きな変化に向き合わなくてはならなくなっています。

たとえば、その必要性がすでに明白であるにもかかわらず、そして努力もしているにもかかわらず、世界の先進的な流れからは明らかに後れを取ってしまっているのが、業務なども含めた経営全体のデジタル化などの問題です。

極めて重要で、本来は自分の時間の多くを割いて向き合わざるをえないような、「答えが今までの経験からでは見つけられない著しく困難な課題」が次から次に出てきているのが、〝今〟という時代です。

こうした困難な課題や新たな価値を創り出すという課題と時間をかけて向き合うことこそが、私たちに求められていることであり、日本が今の停滞から脱していくために避けて通ることができない道であるということです。

課題に向き合うためには、まず〝時間〟が必要になります。そして、その時間をつくるためには「考える力」が必要不可欠なのです。

そういう意味でも、「考える力」が欠けていることこそが、私たちが直面している最も大きな課題である、とも言えます。

ところが、「考える力」が必要な困難な課題に対しても、今までと同じように無自覚な枠内思考で対処しようとしてしまっているのが現状なのです。

「枠内思考⇓閉じる場⇓枠内思考」という悪循環を断ち切り、「考える力」を発揮しなければ、新たな価値、新たなビジネスモデルなどを創り出すことはできない、ということです。

第3章　自分で判断する力を育む「軸思考」

トヨタは「軸を共有している金太郎あめ」

「枠内思考⇓閉じる場⇓枠内思考」という悪循環を断ち切るには何が必要なのか。ここからは、それを明らかにしていきます。

実は、ここまで繰り返し使ってきた「枠内思考」という表現は、〝軸と枠〟という私の捉え方からきています。

なぜこのような考え方をするようになったのか、といえば、20年以上前の話になりますが、私がトヨタと一緒に仕事をするようになったことがきっかけです。

当時よく世間では、〝金太郎あめ〟という言い方でトヨタという会社が持つ特異な性格を表現していました。つまり、誰もが同じような行動をするのがトヨタだ、という意味です。

私もそのときまでは、そう思っていました。しかし、実際に近くで仕事をしてみると、確かに行動特性に一貫性はあるものの、どうも私が今まで持っていた金太郎あめのイメージとは違うのです。

型にはまった行動しかしない、というよりは、行動にはものすごく、と言ってもよいほど自由度や大胆さがあるのです。


私のトヨタとの出会いは、あるトヨタ主催の教育プロジェクトを、私が責任を持って設計し実施するという仕事で、約2年間一緒に活動したのが最初です。

プロジェクトが順調にスタートして、数カ月たったころ、トヨタ側の責任者である部長と実務を率いる室長と私の3人で一緒に食事をする機会がありました。

そのとき、部長が私に、「実は、私はこのプロジェクトをやることに賛成していなかったんです。だから、発案者である室長が、どうしても必要だと言ったとき意見が対立したのです」とにこやかにおっしゃったのです。

初めてそんな話を聞いた私は少し驚いたのですが、その先の話はもっと驚くものでした。

部長の意見と折り合わないことがはっきりわかった室長は、「部長のご意見はわかりました。しかし、私はこのプロジェクトは必要だと思います。この話を役員のところに持って行ってもいいですか」と聞いたそうです。そこで部長は、「いいよ、行ってみなさい」と言ったそうです。

普通の会社なら、上司の部長と意見が合わなかったからといって、もう一つ上の上司である役員のところに話を持って行ってもいいか、と聞くことはないはずです。それに部長のほうも、「行ってもいいよ」とは言わないでしょう。

当の部長にしても、そのプロジェクトの設計責任者である外部の人間の私に、笑いながら話をしているのです。

結局、室長から話を聞いた役員が「面白い、やってみれば」と言ったことで、このプロジェクトは始まったそうなのですが、この話を聞いたとき、私は「まさにこれがトヨタなのだ」と思ったものです。通常の日本的な会社ではありえない話です。

ただ、この話を後日、トヨタの若手社員にしたところ、彼は「あの部長とあの室長だから起こったことだと思いますよ」と笑いながら言っていました。

この話は、トヨタだからといってどこにでも起こるものではないようで、部長にしても室長にしても「ものごとの〝意味や目的、価値〟を考えていく姿勢」をしっかりと持った、私の定義する「トヨタ的な人物」だったからこそありえた話だと思います。

この話で得たトヨタ像は、私が従来持っていた〝金太郎あめ〟のイメージとはまったく似て非なるものでした。

では、なぜトヨタは〝金太郎あめ〟と言われるのでしょうか。

いろいろ考えあぐねた末にたどり着いたのが、トヨタという会社は「〝枠〟にはまった金太郎あめ」ではなく、「〝軸〟を共有している金太郎あめ」なのだ、ということだったのです。

〝枠〟にはまるとは、〝枠〟という型をはめられた状態ですから、すべての行動に規制がかかります。中身ではなく、外見、つまり見た目が同じであることを要求されているからです。

これに対して、〝軸〟を共有した金太郎あめとは、何なのか。この場合の〝軸〟とは果たして何なのか。実は、これを言語化するのは簡単ではありません。

しかし、あえて一言で言えば、「〝意味や目的、価値〟を考え抜く姿勢」が〝軸〟です。

そこには、「自分が正しいと思うことは、仮に上司が反対するようなことがあっても、可能な限り実現のための努力をする」といった価値観があるように思います。

その裏には、「何が大切なことなのか」をしっかりと考える、という基本姿勢があります。自分の意見というものを持っている、ということです。

〝軸〟は、一般的な意味から言えば、回転するものの中心となる棒のことです。

そういう意味で、回転するものの中心となる思考姿勢のことを、私は〝軸〟と呼んでいます。つまり、〝軸〟さえ共有していれば、〝軸〟のまわりは自由に動き回れる、というわけです。

トヨタで育った人の中には、そういう思考姿勢を身体が覚えている人がいるのです。そして、そういう人の多くが重要なポジションに就くことが多いのが、トヨタという会社なのかもしれません。

〝枠〟に縛られた「枠内思考」に対して、〝軸〟を共有しているのが「軸思考」です。そのように思考姿勢の違いを明確にする視点で会社を見直してみると、本質的な問題点が見えてきます。

ちなみに私は、トヨタの社員だからといって、みんなが〝軸〟を持って動いている、と思っているわけではありません。トヨタは、〝軸〟を持った会社であると同時に、〝枠〟が非常に強く働いている会社でもあるからです。

トヨタが〝枠〟を持っている会社であることと、その〝枠〟が非常に強いことが、人間なら誰でも持つ、あまり何も考えない部分をも含めて、しっかりとしたオペレーションを担保する機能を果たしている、ということだと思っています。

そして、先ほどの例に見られるように、非常に優秀な何割かの人材が〝軸〟をしっかりと持って機能しているというのが、私が持っているトヨタという会社のイメージだと言えます。

ただ、思い出してみると、私が「トヨタ的な人物」という定義をしているしっかりとした〝軸〟を持つ人は、必ずしもトヨタ出身の人に限らないのです。30年余り企業変革をサポートしてきた現場で知り合った人たちの中にも、決して多くはないのですが、そういう骨のある人がいました。

いずれにせよ、私たちが陥りがちな枠内思考を一種の思考停止状態と呼ぶのは、ビジネスモデルの転換が現実的な課題となっている時代だからであり、新たな発想をもたらすためには〝枠内思考しかできない状態〟から抜け出すことが必要だと思うからです。

〝意味や目的、価値〟を考え抜くのが「軸思考」

では、トヨタのような会社が持っている「軸思考」とは、いったいどんなものなのでしょうか。もう少し詳しく見ていきましょう。

〝軸〟とは、私の考える「トヨタ的な人物」が共有している「〝意味や目的、価値〟を考え抜く姿勢」である、と言いました。

たとえば、仕事を任せることと失敗との関係に、しっかりとした価値観に基づいた判断基準――つまり、共有する軸――が表れています。

トヨタでは、仕事を任せる前に、失敗したときに生じるリスクの大きさを予測するのです。そして、自分が負うことができるリスクの範囲内であれば、作業を任せるだけでなく、リスクがある重要な判断も任せる、といいます。

それが、「部下に仕事を任せる」ということの中身であり、〝トヨタが共有する軸〟

の一つです。

その根底にある考え方は、人間は失敗する生き物であり、名人でも達人でも失敗は起きる、というものです。

ということは、日頃から、「失敗を起こすな」といった上からの圧力をかけたりするようなことを推奨してはいないということです。そして、もし失敗を起こしたら、その失敗から学ぶ、ということを徹底するのです。

つまり、どんな小さな失敗であっても隠すのではなく、表に出し、その失敗の原因を徹底的に究明する姿勢を持つ「失敗から学ぶ文化」がある、ということです。これも、〝トヨタが共有する軸〟の一つというわけです。


こうした考え方全般に共通しているものは何か。それは、「そもそもの目的や持っている意味、もたらす価値などについて常に考える」という徹底した姿勢です。

つまり、この姿勢を持っているなら、単なる〝枠〟と受け止められているものであっても、〝軸〟的に活用しえる、ということです。

軸思考でいちばん大切なことは何か、といえば、「常に〝意味や目的、価値〟などについて考える姿勢を忘れない」ということに尽きるのです。

たとえば、「空気を読む」という姿勢は、往々にして〝枠〟となって人間の行動を縛ります。空気を読むこと自体が目的となってしまうと、「空気を読んで、本来言うべきことも言わないで済ますこと」が当たり前になってしまうからです。

それが、今までの平均的な日本人だったわけです。しかし裏を返せば、「空気を読む」という能力は、相手や周囲の気持ちを察する能力を前提としており、これは〝日本人が持つ才能〟と言ってもよい側面でもあるのです。

相手や周囲の気持ちを察する能力を上手く使って、互いの信頼関係を構築することができれば、まったく違った展開も期待できるというものです。

大切なのは、空気をそのまま受け取るのではなく、そもそもの意味を考えるところから始めることです。空気を読んでおしまいではなく、そこにいる一人ひとりがどんなことを考え、何を感じているのか、をもう一度考えることから始めます。

こうした相手の気持ちを察する能力を上手に働かせれば、「空気を読む」という能力を使って、お互いにリスペクトし合いながら言うべきは言う、という建設的な人間関係をつくっていくことも可能になるわけです。

「空気を読む」を〝枠〟にしてしまうのではなく、〝軸〟として作用させるとは、そういうことです。

すなわち、そもそもの〝意味や目的、価値を問う姿勢〟を常に持っていればこそ、〝枠〟から〝軸〟への変換も可能になるということです。

〝軸〟として機能する〝枠〟も存在する

あらためて強調しますが、〝枠〟そのものが問題なのではありません。〝枠〟は、社会生活にとって本来有効なものです。私が問題にしているのは、無自覚なままだと〝枠〟が一種の壁となって、今の日本に停滞をもたらしている思考停止を呼び起こしてしまうことです。

つまり、その〝枠〟が持つそもそもの意味を考えるのではなく、それ自体を〝絶対的な制約条件〟としてしまう姿勢に問題があるということです。

〝枠〟の一つであるルールについて考えることで、そのことがよくわかります。ルールは社会生活にとって必要なものです。私は若いころに、高校の教師を数年間していました。

そのころ、私は生徒たちに「校則とは、自分たちでつくって、自分たちの力で守るものだ」と説明していました。そういうことを若い教師が言えるような雰囲気を持った高校でした。

私が言っていたのは、「自分たちの高校生活をよりよくするための、みんなのための規則が校則だ」というようなことです。

そのとき、説明のために使っていたのが、信号機のたとえ話です。

信号機が故障してしまうと、交通に支障が出る、ということは、誰でも経験上わかります。ただし、実際に交通に支障が出ないようにするには、何でもいいから信号機がありさえすればいいという話ではなく、交通量に応じて適切に信号が変わるのでなければ意味がありません。

ルールは必要だけど、それが自分たちにとって適切であって初めて社会生活に貢献するのだ、というルールと人間の共存関係を示すたとえです。

こういうルールも、〝枠〟の一種です。問題なのは、〝枠〟の受け取り方です。ルールの果たす役割や意味などについて考えることなく、単なる絶対的に守るべきものとしてしまう、受け身の姿勢そのものなのです。

私は生徒たちに「ルールはそもそも自分たちのためにあるのだよ」ということを伝

えたかったのです。

「守れ」と誰かから強制されている〝枠〟と、自分たちが自主的につくった〝枠〟とでは、まったく意味が違います。

たとえば、改善活動がしっかりと根付いた工場の現場では、自分たちの作業のルール（作業標準）を自分たちの改善の結果として常に変化させていくことが当たり前になっています。しかも、作業標準を守る、ということが徹底されているのが普通です。

そのような現場のリーダーにとって、自分たちが改善の結果としてつくり上げてきた作業標準を守らないというのは、自分たちへの裏切り行為であって、そもそも許すことができないものだからです。

この場合の作業標準は、〝枠〟であると同時に、自分たちがつくり上げてきた改善の結果が集約されている、という意味で、「自らのプライドをかけた〝軸〟でもある」ということです。

一方で、たとえば、○○規制委員会などというところから、あまり現場になじまない規制などがかけられているような現場だと、様子が変わってきます。

現場のリーダーも、タテマエ上はともかく、本心ではそうした規制を〝守る必要があるもの〟として感じていないことが多いからです。その場合は、横で「作業標準を守っていないな」と思われるようなことが行なわれていても、見過ごしてしまうことも起こりえるのです。

つまり、自らが関与してつくり上げてきたものと、外部から納得いかないままに押しつけられてきたものとには、同じルールであっても違いがあるということです。

同じ作業標準であっても、それが「自分たちでつくったルール（枠）」であるなら、〝意味や目的、価値〟などを考える対象となり、「主体的に取り組むための判断基準（軸）」にもなりえるのです。

指示を〝枠〟ではなく〝軸〟として捉える

「指示」というのは通常、「枠内思考」が常態化している人にとっては、〝枠〟として作用するふるまいです。

指示を与える側が「枠内思考」の人であり、受ける側も同じく「枠内思考」の人である場合、指示に従うこと自体が目的になってしまうので、思考停止の関係性ができてしまうのです。

ですから、「指示の中身が何かおかしいな」と指示を受ける側が感じても、それを言葉にすることはまずない、と言ってもよいと思います。

そんなことは言っても無駄だと経験から身体が覚えてしまっているのです。

そうした場合、表向きは従うふりをして、やったような結果だけ残すことに全力をあげて上手くやり過ごす面従腹背が起こりやすくなります。

これが指示を与えるほうも受ける側も「軸思考」であるなら、状況は変わります。指示は〝枠〟としてではなく、話し合いのきっかけとして作用するので、中身のあるやり取りが始まる可能性が高いからです。

つまり、指示の背景を問い、互いの情報をやり取りしながら、質の高い話し合いをすることが期待できるのです。

また、上司が「軸思考」なら、まだ「枠内思考」の部下を育成していける可能性は十分にあります。

「軸思考」の上司は、ものごとの〝意味や目的、価値〟を考え抜こうという姿勢を持っているため、「枠内思考」の部下が指示の背景や意味、その中身をしっかりと把握できていないことに気づくことができます。

経験のある「軸思考」の上司なら、〝意味や目的、価値〟が考えられていない現状を変えたいと思うはずですから、当然、部下が「自分の頭で考えざるをえないような状況」をつくっていくことでしょう。

そして、考えざるをえない状況に置かれることで、〝考える〟という体験を積んだ部下も、次第に「軸思考」になっていくことが期待できるのです。

しかし、指示をする側が「枠内思考」のままで、受ける側が「軸思考」である場合、あまりいい結果は期待できません。

受ける側は指示の目的は何かを理解するためにやり取りすることを望むのですが、「枠内思考」の上司にはそれに対応するだけの用意がないからです。

つまり、「軸思考」の部下は、よくわからないままに指示に従うのではなく、まず指示の中身をしっかりと理解しようとするわけですが、期待通りの説明はなされないということです。

さらに、そうしたことに疑問を感じた「軸思考」の部下は、思いが強ければ強いほど「なぜそうしないといけないのか」と納得のいく説明を求めようとします。

しかし、指示をする側が「枠内思考」のままであるなら、部下が望んでいる説明が返ってくることは期待薄です。その結果として、有能な若い人材の離職が起こってしまうのです。

部下のほうからの働きかけで枠内思考の上司に変化をもたらすことができるのは、

社内に「軸思考」を持った仲間がいて、ネットワークがある場合です。仲間と作戦を練ることで難局を突破する力を得られるからです。仲間の存在の重要性については、第4章で説明します。

軸とは思考姿勢であり、判断基準でもある

〝軸〟とは「〝意味や目的、価値〟を考えようとする姿勢」のことである、と私は言いました。

確かに基本はそうなのですが、これまで見てきたように、実は、単なる思考姿勢というわけでもありません。私がいう〝軸〟は、「〝意味や目的、価値〟を考え抜くときに、その判断基準として作用することができ、状況次第では時代とともに変化していく可能性を持つもの」でもあります。

それらは、価値観を表す言葉で表現される場合もあれば、象徴的なエピソードを通して伝えられる場合もあります。

この〝軸〟は、本来、「自分の頭で考え抜くこと」を前提にしています。

ですから、企業や個人によって違っているのが当たり前で、絶対にこうでなくては

ならないというものではありません。

だからこそ、言語化しにくいとも言えるのですが、ここでは、自分の頭で考える際の手がかりとして、私たちが長年の企業改革のサポートの中からまとめ上げてきたいくつかの〝軸〟――「どのような思考姿勢で企業改革に臨むか」の標準的な例を言葉にしたもの――を紹介します。

繰り返しになりますが、〝軸〟に「決められた答え」はありません。ですから、これから紹介する〝軸〟も、「自分たちの頭で考え抜いて新しい価値を創り上げていくときに拠り所にする仮説」という位置づけで参考にしていただければと思います。

「めざすものを持った生き方を志向する」
――〝軸〟についての仮説①

人にはいろいろな生き方がありますが、その生き方には大きく分けて2種類あるように思います。何かめざすものを持って生きる生き方と、何となく漫然と生きる生き方です。

もちろん、漫然と、とはいっても、多くの人は懸命に生きているのです。

しかし、頑張って生きている人の中にも、「めざすものを持って生きる」ということをまったく意識したことがない人が意外と多くいるのではないかと思います。

そういう意味では、一度はこの二つの生き方の違いに向き合い、自分の頭で考えてみることも無駄ではないだろうと思うのですが、いかがでしょうか。

どのように生きるのかは、最終的には本人が選ぶことですが、私の場合は若いころから、行ったり来たりしながらも、「自分でめざすものを決める」ための努力をし続けてきたように思います。ですから、私の選択肢に、漫然と生きることは入っていなかったようです。

「自分でめざすものを決める」のと「決めない」のとでは何が違うのか。

たとえば、ビジネスの世界で問題だと感じるのは、ビジネスモデルがしっかりとした会社で働いていると、会社から指示されたことを各々がしっかりとやり遂げるだけで会社は問題なく回る、ということが無自覚の前提になってしまっていることです。

最近の若い人たちは別ですが、会社で働く多くの人たちは、「自分なりにめざすものを持ったり、自分で何をしたいのかを考えたり決めたりすることは混乱を招く」という気持ちをどこかに持っていたように思います。その結果、あまりそうしたことに時間を割いてはこなかったのではないか、と思うのです。

日本において、堅実で安定した会社に就職し定年まで働く終身雇用というのは、実はそういう、何となく忙しく、懸命ではあっても、めざすものなどを持つことなく漫然と、それなりに楽しみも持ちながら生きる安定した人生でもあったのです。

つまり、特段、自分の夢や自分なりにめざすものを持たなくても、とりあえず仕事はさばけたし、会社も十分に回っていくように見えていたのです。

そういう意味では、ものごとの〝意味や目的、価値〟を考え、本質に迫るという姿勢は、仕事上特に必要とされてこなかったのが企業社会だったと思われます。

めざすものを持たない人がすべて枠内思考になっている、とは言いませんが、枠内思考でも仕事はさばけた、ということは事実だろうと思います。

安定したビジネスモデルの存在にこそ、「創造性が求められる現代において問題を引き起こしている思考停止」が生じる可能性が隠されていた、と言ってもよいと思います。

もちろん、自分なりの夢を持って仕事をしている人もいますし、いろいろと考えて人生を送ってきた人もいます。しかし、自分の夢や人生のことなど考えずに、ただ会社の指示にのみ関心を持ちながら会社生活を送っている人のほうが多数を占めているのが実態であった、と思います。

こういう人の中には、定年になって初めて、自分の人生はいったい何だったのだろう、と考え込む人がいることもまた事実のようです。

確かに会社人間としてあり続けるだけで十分なら、必ずしも自分の人生でめざすものを持つことは必要とされていません。

少し前までは、「言われたことをしっかりとやっていればいい。余分なことを考えるな」と言われることのほうが多かったのも事実です。

めざすものなど持たなくても仕事はできる、という意味では、「ビジネスモデルの安定した日本の伝統的な会社や組織で働く人間は、いわば自ら考えることが必要ではない、精巧な部品の一つであることだけを求められていた」と言ってもよかったわけです。

しかし、「人生とはそもそも何なのか」と自分の人生と冷静に向き合ってみれば、めざすものを何も持たずに会社の指示通り懸命に働き、何も考えずに漫然と生きる人生には、一人の人間の人生としては少なからず問題があることに気づくかもしれません。

順調に出世街道を歩いてきたように思える自分の人生だからこそ、実は「本当の意味で自分の人生だとは言えない」かもしれないという、非常に深刻な問題がその裏には潜んでいるからです。

そもそも「めざすものを持って生きる」ということは、当たり前のことですが、自分の頭で考えることが不可避である、ということにつながります。

つまり、まず「めざすもの（＝自分なりの夢）を持つ」というテーマと向き合うことが求められているのです。

自己責任でリスクを取ってトライするような人生を生きていこうとしている人間を会社も必要としている時代になってきている、ということです。

自分の頭で考えざるをえなくなる、ということは、自分らしい人生を生きることにつながっているだけではなく、仕事へ向き合う姿勢をしっかりしたものにすることにもつながるのです。

企業としては、この辺りが今までは見逃されてきた点であり、実のところ今では最も大切なことでもあるのです。

一見何でもないような問いと向き合うことこそが、思考力を向上させ、指示待ち人間から脱却し、会社の生産性向上にも寄与していくということです。

そういう意味では、〝今〟という変化の激しい時代に最も必要とされているのが、繰り返しにはなりますが、自分の頭で考えようという姿勢であり、「考える力」だということなのです。

「めざすものを持つ」ことは、実は「人間が選択しえる最も人間的な行為」とも言えます。

渡り鳥が自然に一定の方向をめざすといった本能が突き動かしているのとは違い、自らの主体的な意思で目的意識を持って生きることは、「人間でなくてはできない最も人間的な行為」だからです。

今、私たちは、自分にも会社にもめざすものを持つことが求められる時代を生きています。

それはつまり、仕事に対して、単なる義務としてではなく、思いを持ち、自分の頭で考え抜き、楽しさを感じながらかかわることが、質の高い仕事をするためには必要であることを意味しています。

しかし残念なことに、普通に人生を送ってきた人間には、そうしたことの必要性を感じたり、考えたりする機会が多くないのが現実です。そのため、次のような2つのステップを踏む必要があります。

まず自らが人生に持つ夢を持つことです。次に、会社がめざしているところと自分の夢が重なるところはどこかを深く考え抜き、その結果として自分なりの仕事人生をつくり上げるプロセスを考えていくことができるようになることです。

こうしたステップを通じて、人は「仕事の当事者」になっていくのです。そして、それが仕事の質を高めることにつながるわけです。

そういう意味では、人間が人間らしく幸せに生きることと、企業の業績や経済の繁栄を一致させることができる時代がやってきている、ということです。

指示されてこなすオペレーショナルな仕事でも、かなりのレベルで勤勉にやれてしまうのが、今までの日本人でした。

しかしながら、これからは、与えられたことをさばく仕事とプロフェッショナルな仕事——すなわち、自らの思いを込めて自分の頭で考え抜いてやる仕事——とでは、その結果に大きな違いが出てくることは避けられない、ということを認識しておく必要があります。

「タテマエよりも事実・実態を優先する」
——〝軸〟についての仮説②

枠内思考という思考停止が生じてしまう理由の一つに、タテマエという〝枠〟の存在があります。

現実の日本的な企業経営の中でどうしても避けなくてはならないのは、事実・実態に基づかないタテマエでのやり取りです。

しかし、タテマエではなく、事実・実態に基づいて仕事をする、というのは意外と難しいことです。

たとえば、「失敗をしてはならない」という言い方はタテマエに通じています。「失敗をしてはならない」ということ自体が間違っているわけではありません。

この言葉は非常に大きな重みを持っています。確かに、失敗は許されないものであることは、〝あるべき論〟としては極めて正しいからです。

これに対して、「人間は失敗する生き物」という言い方もできます。これは〝あるべき論〟ではありません。人間である限り、名人にも天才にも、必ず失敗は起こります。つまり、事実・実態に即した言い方です。

ただし、この言い方だと、聞く人によっては、「失敗をしてもよい」「失敗を単に許容している」と捉えてしまう可能性があることも考えておく必要があります。

ここで問題なのは、「失敗をしてはならない」という言い方が間違ってはいないにしても、事実・実態とは乖離《かいり》したタテマエになってしまっているということです。

しかしながら、「失敗をしてはならない」という言い方は、企業の社会的責任を果たすための〝実務の厳格さ〟を背景にしているため、非常に重みを持って響きます。

たとえば、鉄道会社や銀行といった組織では、〝実務の厳格さ〟が何よりも求められます。失敗がもたらす社会への悪影響がより深刻であることは誰の目にも明らかだからです。

鉄道会社や銀行に限った話ではありませんが、間違いがないことを厳しく要求される環境では、何もしないでおくと、「失敗をしてはならない」というタテマエが幅を利かし、組織内で非常に大きな位置を占めてしまうということです。

そうした組織には、「失敗をしてはならない」という言い方が揺るがすことのできないタテマエとして堅持されてきた過去の歴史があります。そのようなところで、「人間は失敗する生き物」であるという事実・実態を前提として行動することは、組織の安定を重視するという空気を乱す〝反乱〟と捉えられる可能性すらあるのです。

では、自分が実務の責任者であるなら、どういう態度を取ればいいのか。

「どうしても失敗は起こるものだ」といっても、失敗が起こってしまうのを認めるような発言はなかなかしにくい、というのが現実です。

悩んだ末に選択するのは、結局のところ、「失敗は絶対に許されない」というタテマエで、それを繰り返す管理職が多くなります。

「失敗は許されない」という強い圧力をまわりから感じるため、こうした発言がタテマエだと何となくわかってはいても、どうしてもそのタテマエを事実・実態よりも優先することになってしまう、もう一人の自分がいるのです。

ただ、その結果、事故につながるような失敗が減ってくれればいいのですが、かえって事故が起こる確率が高くなってしまうのが、事実・実態をよく知る者だけがわかっている現実です。

「失敗するな」というタテマエが優先されると起こりやすいのが、繰り返し述べてきた「思考停止」なのです。

思考の働きが不可欠な「なぜ失敗が起こったのか」の究明よりも、たくさんある規制を守らせること、つまり、「どうやるか」に意識が集中してしまうのです。

そのような思考に陥った管理職がもたらす「失敗するな」「スケジュールは厳守せよ」といった圧力は、部下に対して強烈な〝枠〟として作用することが多くなります。

その結果、本当はいちばん必要で大切な「起こりやすい小さな失敗を題材にして経験から学ぶ」という重要な機会を失わせ、思考停止を生み、「虚偽の報告をする」というコンプライアンス問題を引き起こしたりしてしまうのです。

本当に必要なことは、「失敗の経験を大切にし、失敗から徹底的に学ぼう」という姿勢をみんなのものにできるように努めることです。そして、その実現のためには、可能な限り失敗をなくす努力を怠らないことと同時に、失敗が起こったときは「そもそも何が失敗の原因であったのか」を徹底して究明する姿勢が重要なのです。

「〝当事者〟としての姿勢を持つ」

――〝軸〟についての仮説③

一般的には、ある事柄に直接、役職としてかかわっているとき、つまり、関係者であるときに〝当事者〟という言葉を使うことが多いように思います。

しかし、ここで私が言っている〝当事者〟というのは、その事柄に対して、自分の思いを持ち、主体的・能動的に向き合っている人――つまり、「自分」を主語にした内発的な動機を持っている人――を意味しています。

「その事柄に単に何らかの形でかかわっているだけ」の人は、関係者ではあっても〝当事者〟とは呼びません。

自分の属している組織を変えていくことに主体的にかかわっているとは言えない状態のまま、属している組織が抱える問題を指摘し批判するような発言を悪意なしに繰り返している、といったことはよく見られる光景です。

こうした発言は、その中身が的を射ているかどうかは別にして、当事者ではない傍観者の発言です。「自分はこうしているけど」「自分はこうしたいと思うけど」という前提が欠けているからです。

このように自分自身は当事者のつもりでしている発言なのに、実際には傍観者のそれになってしまっている、というのは、実際にはよくある話です。

「何かをともにめざす」ということを前提としていない状態のまま、何となく感じているだけの問題意識を、目的達成とは無関係な、評論家・傍観者的な発言として悪意なく表明してしまう、ということは気をつけていないとよく起こります。

もちろん、悪気があるわけではないし、自分がやっていることの意味を自覚しているわけでもありません。しかし客観的に見ると、〝傍観者そのもの〟というのが、このような発言なのです。

たとえば、飲み会などで、「あの上司はリーダーシップを十分には発揮していない」だとか、「もっと言うべきことを言うべき人にしっかりと言うべきだ」だとか、酒の勢いも手伝って、好き放題に上司を批判することはよくあります。

これは、自分が持っている上司の理想像から現実の上司を引き算して、問題だと思うことを口にしているにすぎません。

こういうとき、よくあるのは、飲み会での態度と実際にその上司を前にしたときの態度に驚くような差が出てくることです。文句を言っていた人ほど、実際にその上司を前にすると、信じられないくらい忖度《そんたく》した態度を取るのです。

確かに、「理想像－現実＝問題点」という意味ではその通りなのですが、私はこういう姿勢を〝傍観者〟、あるいは〝評論家〟と呼んでいるのです。

では、〝当事者〟とはどういう行動をする人間なのか。

当事者の姿勢を持った批判というのは、「その上司と自分は、共通の目的を抱えている」という状況を前提としています。

当事者として批判を口にするときには、自分自身もその目的に向けて、自分なりの思いでかかわっていることが、まずは前提になくてはならないのです。

その前提の下に、その上司に、「私は今こうやっています。目的を達成するためには、あなたがこういうふうに動いてくれるとありがたいのですが」といった問題意識を含む意見（自分が主語の意見）を言える人間こそが、〝当事者〟だということです。

自分がまったくかかわっていない事案に関しての発言をする際には、かなり注意して臨むのが、当事者としての姿勢です。「自分はかかわってはいないけれども、客観的に見るとこのように見えるのだが、どうでしょうか」といった具合の発言になります。単なる評論家になってしまわないような心遣いを持っているのが、本当の意味での当事者です。

そういう眼差しで自分自身を振り返ってみた場合に、いろいろな場面で、まったく悪意なく、とはいっても、結果として無責任に意見や文句を口にしている自分がいることに、誰もが気づくはずです。

私たちが政治に関して口にする批判なども、投票にすら行かずにしているとしたら、やはり傍観者的だと認識すべきなのでしょう。

そういう意味では、当事者としての姿勢をいつも堅持している、というのは言うほど簡単なことではないのです。

数年前、ある会社で役員が参加するオフサイトミーティングを行なったとき、この〝当事者〟の話をしたことがあります。

その1週間ぐらい後に同じ会社で、60人ぐらいの若手社員が自主的に集まる対話会がありました。私も招かれてその場に出席をしました。

対話会の途中で少人数のグループに分かれて話す時間があり、一つのグループに私も参加させてもらいました。そのとき、他のメンバーよりも少し年上に見える一人の女性が、「私が今日この場に参加したのは、会社で今何が起こっているのか知りたかったためです」と発言しました。

詳しく聞いてみると、彼女は先日の役員オフサイトミーティングに参加していたある役員の秘書をしているということでした。

彼女が言うには、そのオフサイトミーティング以来、役員の行動がそれまでとガラッと変わったというのです。「先日の役員オフサイトミーティングでいったい何があったのかを知りたくて、今日は来たのです」ということでした。

「何が変わったのか」を聞くと、その日以来、定時後に役員が集まり、普段の会議とはまったく違った雰囲気での話し合いが行なわれるようになったということでした。隣の部屋でやっているその集まりの熱がこちらにも伝わってくるほどだったようです。

そんな経験をしたので、「いったいこの改革はどういう改革なのか」「何が始まったのか」を知りたくて、「その改革の一環で、若い人たちが対話会を自主的にやっている、という話を耳にして、このミーティングに参加してみました」ということでした。

実は、役員オフサイトミーティングの終了後、私はその役員と帰宅する新幹線がたまたま同じになり、隣に座り話をしながら帰ったのです。

そのとき、彼は「今日いちばんショックを受けたのが、自分は当事者のつもりで社長の批判をしていたのだけれど、よく考えてみればそれは傍観者の批判に過ぎなかったことに気づいたことだ」という話をしていたのを思い出しました。

つまり、同じような気づきのあった他の役員たちと一緒に話し合いを始めた、ということだったようです。役員秘書が目撃したのは、その話し合いだったのです。

まったく悪気などなく、無自覚に傍観者的な発言をすることは誰にでもあることです。悪気がまったくないだけに、気づいたときの衝撃は事実と自分に誠実な人ほど大きなものになるようです。

この事例に限らず、役員のチームビルディングを行なう際に、最初にめざすのが「役員の姿勢の当事者化」であることが多いのも、そのためです。

役員といえども、自分の管掌している部門に対して責任を持ってはいても、経営全体に対して当事者の姿勢を持っている人は意外に少ないからです。

「常に〝意味や目的、価値〟を考え続ける」
――〝軸〟についての仮説④

今のビジネスモデルのままだと生きていけないことがはっきりしているような会社が非常に多くなっている、というとても厳しい現実があります。

そうした状況の下で求められるようになっているのが、「常に〝意味や目的、価値〟を考える姿勢」です。企業の多くが環境の激変にさらされ、従来のビジネスモデルを転換していく必要に迫られているからです。

さまざまな変化に対応していけるような変化対応能力――つまり、本当の意味での考える力であり、特に「ものごとの〝意味や価値、目的〟を考え抜く力」――が求められるようになってきている、ということです。

しかし実際には、考え抜く力を持つのはそれほど簡単なことではありません。

「そもそも自分はこの会社の中でどういうミッション（使命）を果たすべきなのか」、

もしくは「果たしえるのだろうか」といった自分の主体性、言い換えれば、内発的な動機から発する「問い」と向き合う機会を持たないままだと、問題の本質に向かう考える力は育っていかないからです。

しかしながら、成り行きに任せているだけでは、そういう機会はなかなか生まれません。

ということは、〝意味や目的、価値〟に絡むような「問い」を常に自分に投げかけ、向き合うことが、変化対応力を育てるためにも必要になってきているのです。

つまり、会社としても意図的にそうした場を用意することが必要な時代になってきているということです。

ただし、設けられた場で、「会社の中で自分が本来果たすべき責任とはそもそも何なのか」ということを、会社から指示されたタスクという〝枠〟の中で考えるだけではダメです。自分の頭を使ってもっと広い視野で――たとえば、「会社に対し、自分ができることは果たして何なのか」を自分の人生、生き方などと絡めて――考える必要があるのです。

このような「与えられた役職やタスクを超えたミッションを持つことは、自分の人生にとってどのような意味があるかを考えることが重要である」という認識は、激動する環境変化の時代だからこそ顕在化してきた人材ニーズです。

先の読みにくい会社の将来は、会社にぶら下がる姿勢を持った人間ばかりでは到底切り拓いていくことができないことを、先を読んでいる経営者ほど自覚しています。

自分のミッションというか、会社の中で果たすべき役割――つまり、本当の意味での責任――に対する意識がないということは、「何が本当に自分にとって、そして会社にとって大切で必要なことなのか」という価値の基準もはっきりしていないことを意味します。

その結果、上から下りてくるどの業務も同じ価値になってしまっているのです。これが今、私たちのまわりで展開されている標準的な状況です。

そういう状況だと、「何が新しい価値を生む仕事で、何が従来通りの価値づくりを滞りなく回していくための仕事なのか」の区別もつかないし、つけようとも思わない。仕事に優先順位をつけようとも思わないし、つけられもしない。もし優先順位があるとしたら、上司や依頼主から強く要望されたことくらい。このような状態になっていないでしょうか。

これは、指示され与えられた仕事をとりあえずすべて何とかこなそう、という「優先順位づけという意識の不在」状態です。

本来、さばくだけで済む仕事にはそれほど手数をかける必要性はないのですが、現実にはきちんとしようという意識があるため、余分な手間暇をかけている仕事がほとんどになっている可能性があります。

結果として、「いつもやらなければならないことであふれかえり、時間に追われてしまっている」という状態が生まれます。

多くの社員がまじめに忙しく働いているのに、どういうわけか労働生産性が他の先進国に比べて明らかに劣っている、という事実は、「常に〝意味や目的、価値〟を考え、優先順位をつける姿勢」が欠如していることの結果だということです。

第2章で紹介した「アンビシャスグループ北海道（ＡＧＨ）」などはまさに、自分の頭で「〝意味や目的、価値〟を考え続ける姿勢」を養うことに重きを置こうとしている会社です。

「志を持つ人がその志を実現できうるようなプラットフォームを創る」という明確な

ミッションを掲げていることはすでに紹介しましたが、その実現のために実際に始めたのが「未来塾」という人材育成の場です。従来の人材育成と決定的に違うのは、「考える力」を養っていくことをメインのターゲットとしていることです。

もちろん、知識を得ることの大切さをおろそかにしているわけではありません。知識は必要です。でも、知識の教育は、あくまでその必要性を感じた人がいて、そこにアンテナが立ったときにスタートする。そういう姿勢に徹しているのです。

未来塾は、「何のためにこの塾をやるのか」という広報を全社に向けて、可能な限り徹底することから始まりました。役員間でも何回も議論をし、それぞれの役員が直接社員に伝えるのはもちろん、社長と会長の対話動画をつくるなど、関心を持ってもらうためさまざまな試みがなされました。

社員であれば、誰でも未来塾に応募できます。年齢、役職、性別など一切関係ありません。グループ全体で2600人くらいの社員がいるのですが、結果として200名あまりの応募がありました。

自分の意志で応募してきた、という意味では全員が候補者です。第一期生の選考にあたっては、ちょっとユニークな発想を持った人も選んではどうか、といった議論を繰り返しました。そして、性別、所属、職種のバランスを考慮した上で、260名の中から女性4名を含む24名が選ばれました。

その一方で、人数の制約があるために選ばれなかった人たちもいます。しかし、「学びたい」という意志を持っている限り、チャンスはこれからも与えられることに変わりはありません。

このようにしてAGHは、「何のために何をなすべきか」の徹底した議論を通じて、常に〝意味や目的、価値〟を考えることを実践し、「自己実現を果たしながら、未来のAGHを担っていく人材」のプラットフォームを創り上げていくための第一歩を踏み出したのです。

「〝拓かれた仮説〟にしておく」
――〝軸〟についての仮説⑤

「ロジカルな推論で導き出し確定した〝結論〟を、中身をしっかりとつくり込んだ設計図に沿った工程で計画的に進捗させていくことが、効率的で望ましい仕事の仕方だ」というのが、長きにわたって世界中での常識でした。

しかし、前もって設計図に描ききれないことが当たり前に出てくる時代に急速になってきているのが現実です。前もって設計図に描ききれない中身を持つ難しいテーマを、手探り状態を覚悟して進めざるをえない事態が日常的に起きているということです。

問題は、ロジカルな推論でつくり上げてきているという理由で、「確定した結論」としてそれを扱うところにあります。

「確定した結論」として一方通行で部下に押しつけ、実行させようとしても、序列感覚の強い日本では、おざなりな〝やったふり〟や面従腹背を生んでしまうことがしばしばあり、期待通りの結果にはつながっていかないのです。

この問題をわかりにくく複雑にしてしまっているのは、欧米の企業ではこのやり方が完璧とは言えないにしても、それなりに通用している、という現実があることです。欧米でできて、日本ではそれが通用しない、とはどういう意味なのか。

欧米先進国で、指示命令で部下に「確定した結論」を与えそれを実行させることが通用しているのは、「指示の中身は理解している」という前提が基本的に保障されていて、その前提の下に実行に取り掛かることが当たり前のようにできているからです。

つまり、納得しているかどうかは別にして、わからないことを聞き、上から指示された内容を100パーセントではないにしても理解しているならば、後は仕事ですから実行するのは当然なわけです。

しかし、この当たり前のことが通用しない日本では、まったく違う結果が生まれてくるのです。

指示内容がわかりにくく納得いかない場合でも、権威ある相手（上司）には気安く聞いたりしにくい空気に支配されているため、表向きは「わかりました」と受けてしまうことがよくあります。

納得していないのはともかく、理解もされていないまま一方通行で実行させられると、表向きだけはやる気を示す〝面従腹背〟が起こりやすくなるのです。

欧米では、部が理解できていないことを上司に質問するのは当然であり、質問しないような部下は失格です。しかし、日本では逆です。

上位に立つ人との関係を「お仕えする」と表現したりする独特の序列感覚があり、世界の先進国ではごく当たり前のこの「問い返し」を実行できないのです。

その結果として、指示が下ろされた日本の現場では、しばしば、答えとしてつくられ押しつけられた計画と現場の実態との間に、無視できない乖離と混迷が生じてしまうのです。

つまり、問い返しが当たり前でない日本では、指示を形の上だけであたかも実行されているかのように繕う、ということが少なからず起こっているのです。

こうした現実を踏まえて、今の日本に必要な仕事の仕方を表現したのが「プロセスデザイン」という仕事への向き合い方です。

これは、答えを押しつけてやらせる欧米流のやり方とはまったく別の、日本的な仕事の展開方法です。私たちは、それをプロセスデザインと呼んでいます。

答えではなく、「仮説を提示」することで、部下の主体的な関心を引き出し、積極的な質問や提案も盛り込みながら答えを部下と一緒につくり込み、試行錯誤をしながらゴールに向かって進めていく、というやり方です。

つまり、ロジカルな推論に基づいた、生産性の高い仕事の進め方を日本で推進するために必要なことは、指示を出す際、「確定した結論」ではなく、「拓かれた仮説」にしておく、ということです。この「拓かれた」という表現には〝開拓〟という意味を込めています。

この「拓かれた仮説」というのは、未確定にしておくことで、関心を持つ人の意見を織り込める可能性を引き出しうる結論、のことです。

仮説としてではなく、確定したものとして最初から結論が設定されているとしたら、人間、特に日本人は自然に受け身の姿勢になってしまいます。

状況が自分の頭で考えることをあきらめさせてしまうからです。

それに対し、設定されるのが答えでなく仮説であるとするなら、それと前向きにかかわろうとする人は間違いなく多くなります。

もちろん、みんなで考えるプロセスでは、さまざまな意見が飛び交うことが予想されます。「意見が飛び交う」ことで一定の混乱が起こることは覚悟しておく必要があります。

しかし、それを乗り越えたときに、〝チームとしての仮説〟の検証にみんなで前向きに取り組める可能性は限りなく大きくなる、ということです。

たとえば、ある大手通信販売会社で、時代の変化に伴い人事制度をつくり直したときのことです。しっかりと準備をし、必要な人事コンサルタントの支援も受けて、非常に精緻な新しい人事制度ができ上りました。

新年度から実施されたのですが、そもそもの中身が非常に複雑なこともあって、実際に新たな制度に基づいて評価などが実行されているようには見えなかったのです。

そこで人事部は一計を案じ、中間管理職を集め、10回にわたって説明会を開催したのです。しかし、その結果は、10回の説明会で質問ゼロ。反応がまったくと言ってもいいほどなかったのです。

困った人事部から、私たちに相談がありました。

事実の経過などを聞いて提案したのは、新しい人事制度を「すでに決まった答え」として押しつけるための説明会ではなく、「そもそもこういう新しい人事制度はわが社に必要なのだろうか」という対話会の開催でした。

まさに、〝答え〟ではなく、〝仮説〟としての提示です。

結果として10回の対話会は、悪く言えば大荒れ。毎回「そもそも人事部はね」から始まり、まったく質問がなかった説明会とは様変わりしたのです。

出てきたみんなの意見を取り入れる形で微修正を行ない、結果として新しい人事制度は実行に移されていったのです。

このエピソードからも明らかなように、上からの有無を言わせない押しつけは、結果として日本の組織に無関心とうわべだけのやる気、加えて面従腹背を横行させ、意欲と挑戦力を失わせ、日本の進化を妨げてしまう、ということを知っておく必要があります。

今、私たちの日本が抱えているいちばん大きな問題は、多くの人が、問題を感じてはいても、危機意識に乏しく、「まあ、言ってみても仕方がないから」と当事者になることを放棄していることです。

私たちに必要なのは、「主体的な〝当事者〟としてかかわる姿勢」なのです。

その当事者の姿勢を引き出すのが、「拓かれた仮説」で関心のアンテナを刺激することなのです。

つまり、しっかりとつくられた仮説と本気で向き合う対話に基づく「試行錯誤と問い直しによる仕事の進め方」――つまり、主体性を引き出す可能性を秘めたプロセスデザイン的な仕事の進め方――が当たり前に求められる世の中になってきているのです。

「〝めざすもの起点〟で考える」

――〝軸〟についての仮説⑥

第2章でも少し触れたのですが、日本の会社が変化の時代に対応しきれていないという問題の真因は、前提にしている制約条件を、無意識のうちに動かせないものとして置いてしまいがちな思考姿勢にあります。

変化の時代に対応していくには、それとは真逆の、現状をそのまま前提として「どうやるか」を考える〝現状起点〟ではものごとを考えない、〝めざすもの起点〟で考える、という思考姿勢が必要になります。

そもそも、目的に向かって判断をする際の姿勢は、大きく二つに分けられます。

最初の一つは、「現状に込められているさまざまな制約条件を考慮に入れ、それを基にできるかできないかをしっかり考えた上で、目的に向かうかどうかを決める」というものです。

この思考姿勢は、現実にある制約条件、たとえば「予算がない」「技術力が伴っていない」「まわりの協力を得られそうにない」などを〝枠〟にした枠内思考です。

これは、多くの分別を持った日本人なら当たり前のこととしてやっている「現状から考えた判断」と言えます。

特に安定した組織に属している人ほど、何か目的に向かう判断をするとき、目の前にある現状を考慮した上で、「やらない」という判断をする傾向があります。

もう一つは、「めざしている目的にどういう意味があるのかを掘り下げ、それがもたらす価値を、目的に向かうかどうかの判断をするときの材料にする」というものです。

つまり、意味や価値があるなら、「できるかできないか」はさておき、目的に向かうことを優先し、上手くやり遂げる可能性を徹底して考え抜く、というものです。

この場合は当然のことながら、「今ある制約条件を前提にするのではなく、すべて一つずつ見直し、くつがえしていく」というステップを踏むわけです。

現状を前提に「できる」「できない」を考えるのではなく、「どの制約条件を克服すればいいのか」を徹底して考えることを優先する、ということです。

誰が考えてもわかるように、前者のほうが、見た目のリスクは少ない省力的な考え方であるわけです。

制約条件を理由にして、「できない」と判断すれば、そもそもその目的に向かうことを止めるわけですから、失敗することも少なくなります。

一方で、後者のような判断は、「できそうにもないことでも、それに意味があると考えるなら、やることを優先する」ということですから、下手をすると「無鉄砲なバカがするもの」と考えられてしまいます。

つまり、多くの日本人にとって、普通に考えれば、前者の判断をするほうが常識的で違和感のないやり方だということです。

たとえば、ミーティングをするとき、最近ではオンラインで行なうことがかなり多くなってきました。

慣れてくるとオンラインの便利さが身に沁みます。通信環境さえ整っていれば、簡単に集まることができるからです。

しかし、コロナ禍のせいで仕方なしにやってみたら意外にその便利さが見えてきた、というのが実態です。もし、このオンラインミーティングがコロナ禍という状況抜きに提案されたとしたら、簡単には通らなかったはずです。

というのも、確かにオンラインミーティングは「ともすれば非常に味気ないものになる」ことなどが想定でき、実際にマイナス面もかなりあるのは間違いないからです。

しかし本来であれば、「オンラインミーティングが非常に効率的であり、働き方を変えていくためにも、これからの企業経営には重要な意味がある」ということが明確になるなら、想定できる問題点を単に制約条件にして「やるのは無理」という判断をしてしまうのではなく、その克服も含めて検討していく必要があるわけです。

想定できる問題点はそのまま前提として置くだけでは十分ではなく、それを克服することで新たな世界を切り拓いていくことが可能になるのです。

「衆知を集めて担当責任者が決める」
――〝軸〟についての仮説⑦

企業活動の中で、意思決定というのは、言うまでもなく非常に重要な機能です。特に日本では、経営判断のスピードの遅さが常に問題として取り上げられます。

日本では通常、関係者が何人かいれば、形の上ではいちばん上位の人が決めることになっています。

しかし、実際の意思決定の中身は、みんなの合意を形成していくプロセスがあって、その上に乗る形で、形式的にトップが決めているというのが実態です。

この決め方のいちばんの問題は、実は「決めたことの責任が自分にある」と誰も本気で思ってはいないということです。

実際に担当している人間も、「確かに意見を言うには言ったけれど、上司の課長も関与しているので課長の意見があり、またその上の部長の意見もあったし、最後は本部長が形の上では決めたことになっているのだから、まあ自分にも責任はあるけど、そんなにはないよな」と感じていることでしょう。

「合議で決める」というのは、確かに〝安定〟はしています。いろんな人のいろんな角度からの見方もあるので、そんなに突拍子もないことが起こることは少ないわけです。

しかし、時間がかかります。少し大きなテーマなら、下手をするとすぐに1カ月ぐらいかかってしまいます。

それに、意思決定に参加している一連の人々はみんな、自分の立場を前提、つまり思考の〝枠〟として参加しています。

したがって、今の時代にいちばん必要な、多くの人がすぐには賛同しないようなキレキレの提案が通ることは、いつも通りだとほぼないということです。

特に、先の予測を含んだ意思決定が必要になるときは大変です。お互いに意見をやり取りするにしても、誰もが経験はしたことがないわけで、持っている意見も〝仮説〟なのです。

意見を戦わすというのは、仮説同士がぶつかり合うことを意味していて、簡単に決着はつかないのが普通です。

これを従来の意思決定のやり方でやっていると、時間はいくらあっても足りないのです。


そこで、必要になるのが「衆知を集めて、推進責任を持つことができる人間が、〝軸〟――つまり、判断基準――をはっきりと示しつつ、責任を持って一人で決める」という意思決定の仕方です。

これだと、仮説同士のぶつかり合いでも、決着はつきます。

もちろん、「一度決まったら、自分は違う意見を持っていたとしても、決まった方向で進むことに協力し合う」というのが最低限のルールです。

私がこの「衆知を集めて一人が決める」という意思決定の原則に言葉として初めて出会ったのは、1990年代の半ば。おもちゃメーカーのバンダイの当時の社長との対話でした。「たまごっち」という携帯型ペット育成ゲームが爆発的に売れた後のことでした。

おもちゃの会社は取り扱っているアイテムが非常に多く、失敗に終わるものも多いのです。常に新規事業をたくさん抱えているのがおもちゃの会社だということです。

つまり、常に創造性を求められているからこそ、この「衆知を集めて一人が決める」という「軸思考」に基づく意思決定が必要だったということでしょう。

そしてここに、ユニークなおもちゃを生み出すことができるバンダイの強さの秘密が表れていたとも言えます。

大切なのは「自分なりの〝軸〟を鍛えていくこと」

ここまで〝軸〟と〝枠〟についていろいろ述べてきましたが、いちばん大切なことは、「〝意味や目的、価値〟を考えようという姿勢」を常に持ち続けることです。繰り返しになりますが、〝意味や目的、価値〟を考え抜き、自らの判断基準とするのが「軸思考」です。

一方、定型的に素早く処理を済ませたいときは、〝枠〟をしっかりと決めて、その範囲でできるだけ省力化し、余分な工数をかけないようにすることも必要です。

この場合、大切なのは、「どの程度の精度で仕上げれば仕事に支障はないか」を最初からはっきりさせておくことです。単なる社内資料であっても、どの程度の精度で仕上げることが必要なのか、を明確に認識していなければ仕上げに時間と工数をかけることはいくらでもできてしまうからです。

しかし、新たな価値を生まない仕事は、必要最小限の工数で仕上げることが大切です。仕上げの精度はせいぜい60パーセントもあれば十分だという場合が多いのです。これを70パーセント、80パーセントに仕上げようと思うと、途端に工数は倍になってしまいます。

これに対し、ものごとを深く考える必要があるときには、「軸思考」で時間をかけます。

要は、使い分けが大事なのです。そのために必要なのは、「違いがわかっていること」。問題だと思われるのは、「違いがわからないこと」「区別がまったくついていないこと」です。

ものごとを「決まりきった〝枠〟として捉えようとしているのか」、それとも「変更可能な〝軸〟として捉えようとしているのか」で動き方もまったく変わってきます。

大切なのは、「自分なりの〝軸〟を鍛えていくこと」を常に意識しながら生きていくことです。この「軸を鍛える」とは、枠内思考に慣れてさばくことが習慣化してしまっている脳を、今までとは違った意味で働かせる、ということを意味しています。

簡単に言ってしまうと、「考える習慣を身につけること」と言い換えることもできるのですが、本当の意味で〝考える〟というのは、実のところそう簡単でもないのです。

「〝考えろ〟と上から指示をするだけで簡単にできる話ではない」ということを知っておく必要があると思います。

では、どうすれば、「〝軸〟を鍛える」ことができるのか。次章で解説します。

第4章　新たな価値を生み出していく「拓く場」

仲間とともに「拓く問い」と向き合う

前章で、日本の衰退の真因である「枠内思考」をコントロールするために欠かせない「軸思考」について解説しました。では、そのような思考姿勢を身につけるためには、どうすればいいのか、ここから説明していきます。

軸思考について丁寧に説明したつもりですが、もしかしたら、何となく難しく感じられたでしょうか。そうだとしたら、原因は、思考の前提（判断基準）となる〝軸〟自体が常に「仮説」であり、到達した最終的な結論などではない、というところにあるのかもしれません。

「〝意味や目的、価値〟を考え抜く姿勢を持ち続ける」ということは、考えている〝意味や目的、価値〟自体も常に「仮説」であり進化し続ける、ということになります。

つまり、考えを深めているうちに当初想定していた前提（意味や目的、価値）自体が変わってしまう可能性もときにはありえるわけです。

これまで、決まった〝枠〟を前提にした思考に慣れている人にとって、これはとても居心地の悪い状況だろうと思います。

ですから、まずは、考える力を高めていくことによって、そのような居心地の悪い状況にも居心地のよさを感じられるように、議論を進化させていく必要があります。

その際、重要な鍵を握るのが、「拓く問い」と「拓く場」という二つのキーワードです。


「拓く問い」というのは、「答えが一つとは限らない問い、記憶や知識に頼るのではなく自分の頭で考えることを必要とする問い」という意味です。たとえば、「なぜ働くのか」「会社の中でどういう役割を果たすべきなのか」などといった、状況次第でさまざまな答えがありえる問いのことです。

一方、「拓く場」については、第2章で「予定されたシナリオを持たない場のことを『拓く場』と呼ぶ」と紹介しました。これは、言い換えれば、「仲間とともに『拓く問い』に向き合う場」のことです。

ここで大切なのが、ともに「拓く問い」に向き合う仲間の存在です。

詳しくは後ほど解説しますが、「仲間がいることで〝意味や目的、価値〟を考え抜きやすくなる」という意味です。

そもそも、〝考える〟という「人間が最も人間らしくありえる行為」を始めるには、何かきっかけが必要です。

そのきっかけが「問い」であり、「問題意識」です。

自らに投げかける、もしくは投げかけられた「問い」をきっかけに、言い換えれば、「問い」に対するアンテナが立ったときに、人は〝考える〟という行為を始めるわけです。

もちろん、「問い」の種類によっては、名前を聞かれて思い出すだけのように、別に何か考えなくとも答えられるものもあります。

そのような問いを、「閉じた問い」と呼んでいます。

第2章でも取り上げましたが、あらためて確認しておくと、この種の問いには「思考停止」状態であっても答えることは十分に可能です。しかしそれでは、本当の意味での〝考える〟ということにはなりえません。

だからこそ、「拓く問い」が重要なのですが、多くの日本人は学校教育を受けているところから、こうした問いに向き合う習慣を身につけてきていないのです。

そのせいで、「拓く問い」に本当は向き合う必要があるときでも、その問いが持つ意味を身体で理解できていないため、「答えがはっきり出ないような問い」について考えるなどというのは時間の無駄だ、といつの間にか感じてしまうのです。

そんなある意味では面倒くさい「拓く問い」に本気で向き合い続けていると、人生観や仕事観は鍛えられていきます。

たとえば、「あなたはなぜ働くのか」という問いに対する答えは、当然ですが、一つではありません。

だからこそ、考え抜くことによって、より深い意味を持つ答えに到達する可能性が増すような問いであるとも言えるわけです。

つまり、こうした問いと常に向き合ってきたか否かが、思考能力の発揮に大きく影響するということです。

欧米先進国の教育ではごく当たり前の「拓く場」と「拓く問い」が、我が国の公教育では極めて少ない、という現実から目を背けるわけにはいかないのです。

日本人が持つ知的な資質は他の先進国と比べても決して劣るものではない、と私は考えています。知的平均値だけを考えれば、日本は間違いなく世界でもトップクラスでしょう。

ここで知的平均値が高いというのは、既存のビジネスモデルの中で業務をさばくオペレーション能力の高さを意味しています。

業務をさばく能力は高いのだけれども、本当の意味で新たな価値を生み出すといった、考える力を発揮できている優秀な人間は、残念ながら他の先進国と比べると少数になっている、ということです。

しかし、もともと勤勉で基礎能力は高いのですから、意図してこうした「拓く場」を積み重ねることさえ続けていけば、考える力が高まる可能性は十分にある、と思われます。

決まった正解があるわけではない、人生観そのものが試されるような「拓く問い」と向き合うのが、本来の〝考える〟という行為であり、人間を進化せていく行為だということです。

そして、そのためには「拓く場」を一緒につくっていく仲間の存在は不可欠なのですが、そのことについては次節で見ていきます。

「拓く場」は忌憚のない意見を交わし合う場

「拓く問い」と向き合う際には仲間の存在が欠かせません。

もちろん、「拓く問い」を自分自身に投げかけることは大切なことです。「自分にどういう問いを投げかけるのか」で考えるということの質は決まってくるからです。ただし、それだけでは必ずしも十分とは言いえません。自分だけで考えることには限界があります。必要なのは、一緒に議論ができる仲間です。

そして、私たち人間が他人と互いの関係性を共有するときに必要となる空間が〝場〟というものです。

日本では、こうした〝場〟をつくろうとするとき、たとえば上座下座といった他の先進国には見られない独自の約束事があったりします。それをお作法として、守らなければならない〝枠〟として意識してしまうのです。

また、日本独特の〝場〟の運営の仕方、というものもあります。

日本の場合、公式の会議といえば、どうしても儀式的な要素が入り込んで、シナリオが初めから設定されているのが当たり前になっています。そのシナリオ通りに進行を確実に執り行なうのが、常識をわきまえた組織人たるもののふるまいだと考えられる風潮があるのです。

第2章でも説明しましたが、この予定されたシナリオ、つまり予定調和に沿って進められる場のことを「閉じる場」と言います。安定性があり落ち着きをもたらす性格を持っており、非常に日本的な〝場〟と言ってもよいかと思います。

この「閉じる場」に相対するのが「拓く場」です。日本ではあまりなじみがなく評価もされにくい〝場〟とも言えます。

しかし、この「拓く場」は考えることが求められる場なので、上手くやるという条件つきではありますが、私たちの「考える力」を鍛え、創造力を引き出してくれるのです。

代表的な「拓く場」が、すでに紹介した「オフサイトミーティング」です。あるいは、第3章で紹介したAGHの「未来塾」なども、広い意味で「拓く場」です。

どちらにも共通しているのは、「拓く場」とは人材育成の場であり、まさに生きる力を養う場でもある、ということです。つまり、生きる力――楽しみながら主体的かつ前向きにかかわる力、仲間と一緒に意見をぶつけ合って自分の頭で考え抜く力――が養われる場が「拓く場」なのです。

「未来塾」は、約半年の第1期が、2022年3月に終了しましたが、感想を参加者に聞くと、「最初は戸惑った」と口々に言います。

「ゴールが与えられない。ゴール自体も自分で考えていい」というのは初めての経験だったので、非常に悩んだそうです。しかし、同時に「楽しかった」とも言っています。

結果的に、議論の内容はもちろんですが、「最終回をどのように行なうか」ということ自体を塾生全員で議論し、決めるまでになりました。

そして最終回は、セレモニーになりがちなプレゼンテーションを単にするのではなく、グループごとに役員たちとオフサイトミーティングをすることで、自分たちが「未来塾」で創り上げてきたものを共有していく、という新しい試みになりました。

この最終回に同席した私が受けた印象を一言で言うと、「参加者から生きるエネルギーと力を感じた」というものでした。

ここからも見て取れる通り、「未来塾」では、主体的に自分の頭で考え決めてやる、ということを徹底していたのです。

ある参加者の感想は、〝意味や目的、価値〟を考え続けた、この「拓く場」の効果をわかりやすく表しています。

「これまでも、上司から『考えといて』と言われ、『考えておきます』と答えてきましたが、今ではその『考えておきます』の意味はまったく変わりました。本当に『考えて』いるんです」

重要なのは、「教えられる場」ではなく、「自らが学ぶ場」である、ということです。従来の人材育成は、「学ばせる」というスタンスです。しかしこれからは、そうではなく、学ぶ意欲を持っている人に学ぶ場を提供し、その後押しするのが「未来塾」の人材育成なのです。

そのような〝学びに向き合う姿勢〟こそが新しい価値の創造につながるのであり、新たな価値を生み出していくにはどうしても必要なのが、この「拓く場」だということです。

それほど重要な「拓く場」ですが、実は、取り扱いの巧拙次第でその〝場〟の質が左右されてしまう、という難しい面もあります。

つまり、「場が果たしうる役割」を本当に理解して意識的に細かなステップを踏む、といったつくり方をしなければ、その役割を果たすことはできない場でもあるのです。

最初のステップとしての「拓く場」は「拓く問い」に仲間とともに向き合う場ですから、そのためには互いに忌憚《きたん》のない意見を交わし合う関係性がまず必要です。

ただ、日本の通常の場は、たとえば、上司が同席しているだけで、上司に対する遠慮が生じ、自分の意見を言わない人が多くなります。

それに、仮に上司が同席していなくても、率直に互いの意見を言い合う経験をあまりしたことがない人のほうが多く、そういう人同士だと、心理的な安心感を互いに持てず、意見を言いにくい、という状態になります。

つまり、どういう人が集まっているかは別にして、まずお互いの心理的な安心感をつくる、というステップが必須になる、ということです。

通常、互いの安心感を醸成するために私たちがまずやるのは、時間の最初に「ひとり一言」を言ってもらうことです。

中身は何でもいいのです。たとえば、「今思っていること」とか、「今日のこのミーティングに対して思っていること」などでもいいわけです。

見逃されがちなのは、一度口を開くという小さな体験があると、その感触が自分の意見を言いやすくしてくれる、という大切な事実です。


また、「拓く場」での大切な約束ごとは、相手の話を真剣に聴くという姿勢です。

まずは「相手の言おうとしていることをそのまま理解しよう」ということに全力を注いでください。相手の話をまずは「受け取る」という感覚で、掛け値なしに聴いてほしいのです。

意見が違う場合は、相手の話をそのまま受け入れる必要があるわけではありません。

「受け取る」と「受け入れる」は違います。

「拓く場」では、まずはそのまま受け取ってほしいのです。

相手の言いたいことを本当に理解しようという努力から、すべては始まるわけです。

特に会社などでは、隣で仕事をしている人であっても、組織の中で互いが〝立場〟

で向き合っている限り、お互いが抱いている本心を知る機会がほとんどないからです。

あらためて互いを知ってみれば、「意外に近いことを考えていたのだ」ということがわかり、親近感が急速に増す、といったことがよく起こります。こうしたことが、心理的な安心感を生むことにつながるわけです。

この安心感をベースにした忌憚のない意見のやり取りが、互いの意見の違いを乗り越えた先に生まれる〝新たな価値〟につながっていくわけです。

ただし、意見の違いのぶつけ合いが必要であることと、組織やチームの意思決定をどうするかはまた別の話です。意見が違っていても、意思決定で別の意見が採用されたときは、それを一緒に協力して実行するのが、チームとしてみんなで共有しておく必要のあるルールだ、ということです。

この聴く姿勢は「拓く場」の質を上げていくための基本中の基本ですが、実は、「拓く場」を有効に活用する、ということは、そう簡単なことではないのです。「拓く場」を本当に活用しようと思うなら、しっかりとした準備をし、運営に必要なスキルと経験を持っておくことが不可欠なのです。

次節では、その勘どころを紹介します。

「拓く場」から新たな価値を生み出すための勘どころ

前節では、「拓く場」における「聴く姿勢」の重要性を強調しました。ただし、聴くことに集中することと以外に注力することはないのか、といえば、そうではないのです。初期のオフサイトミーティング（拓く場）は、お互いの安心感を醸成し、心の壁を低くして何でも言いやすい環境をつくることを目的とした場です。

「拓く場」を含むさまざまな〝場〟で、他者との間でやり取りされる情報は2種類に分けられます。

「伝える中身がしっかりと明確になっている情報」と「中身があいまいなままの断片的な情報」です。

会議などで使われるのは、基本的に前者です。

後者は、たとえて言うなら、たばこ部屋などで交わされていた〝断片的な情報〟です。

「拓く場」の特性は、この〝断片的な情報〟が、「伝える中身がしっかりと明確になっている情報」と同じような重要性を持って降りかかってくるところにあります。

さまざまな発言が飛び交う場だからこそ、「断片的ではあるが、日頃あまり接することのない興味を引く情報」の持つリアリティとエネルギーが参加者に刺激を与え、今まで閉じていた〝心のアンテナ〟が立ち始めるのです。

このアンテナが立っていない状況だと、どんなにいい情報がまわりに飛び交っていたとしても、みんな素通りしてしまいます。

〝心のアンテナ〟が立つことで初めて、さまざまな新しい情報が入ってきやすくなるので、人は考えるきっかけを持ち始めるのです。

しかし大切なのは、この先です。自由に話し始めたことに、今までとの違いを感じ、それで満足してしまう人たちが圧倒的に多いのです。

オフサイトミーティングを経験し、「コミュニケーションが取れるようになったよ」と喜んでくれる人はたくさんいるのですが、それだけでは実際のところ何も変わりません。本当に変化をもたらすには、これではまったく不十分だからです。

本当に必要なことは、〝場〟の質をさらに一段上げることです。

そのときに必要になるのが、「拓く問い」のもたらす意味や価値などについて十分な議論を促すための発言（投げ込み）なのです。

〝場〟の質を上げる、という話は、言うのはやさしいのですが、実際にやるとなると簡単ではありません。

しかし、〝場〟の質が上がっていかないと、単に活発に意見交換されているだけでは何も変わらない、というのもまた事実なのです。


では、〝場〟の質を上げるには何が必要なのか。

興味を引く新たな情報を投入するなど、細かな手法はいろいろあります。ただ、何よりも重要なのは、「新たな切り口を持った問題意識」を投げ込むことです。

仮に、ジェンダー問題を話し合っている〝場〟だとすると、そこには、ジェンダーの現状に関する情報が非常にたくさんあふれているはずです。しかし、その情報の山を「いろんな話があるね」とただ眺めているだけでは何も始まらないわけです。

こうしたジェンダーに関する情報の山を「どういった〝切り口〟で切り取れば、新たな絵が見えてくるのか」を考えることが重要です。

たとえば、女性が持っている本来の能力を生かし切れていない企業が日本には圧倒的に多い、という実情があります。こうした状況を見た場合、たいていは、「今の状態を改善するにはどうすればいいのか」と対応策を考える方向に頭がいきます。

しかし、私が新たな〝切り口〟といっているのは、「ということは、女性が持っている能力が今はまだ市井に埋もれたままになっている。つまり、本来ならば簡単には手に入りにくい貴重な戦力がそこには放置されたままになっている。その能力を活用しえる可能性は無限なのだ」というような、視角を変えるものの見方のことです。

このようにして実情がもたらす意味を捉え直すことで、「適切な問題意識を持ち込むこと」が、〝場〟の質を上げるためには必要だというです。

「仲のよいケンカ」ができる関係が理想

「拓く場」のよいところは、「拓く問い」に仲間と一緒に向き合うという体験を共有することで、より強いきずなを生み出していける場だということです。

私は企業改革をサポートする仕事の中で、たくさんの「拓く場」を経験し、たくさんの仲間をつくってきました。

私がいちばん最初に本格的な風土改革をお手伝いした、いすゞ自動車の元社長である稲生武さんや改革の仕掛人だった北村三郎さんなどを含め、多くの方々とは20年以上もたった今も信頼関係と同志的なつながりを持ち続けています。

私たちとお手伝いしている会社とは、発注者と業者という関係ではまったくありません。お互いに仲間として協力し合って仕事を進めてきたのです。

そして、仕事に向き合う私たちのこの姿勢は今も変わりません。

仲間というだけなら、どこにでもいそうなのですが、相談し合える仲間というのはそう多くはないのです。

平成以降、ここ数十年間、合理化が推進されていく中で、職場での雑談の機会は激減しました。一日中、パソコンに向かうばかりで、ほとんど会話がない、などというのは珍しくも何ともないのが現状です。

ですから、職場の同僚といえども、意図的にそういう関係性をつくり上げてきていない状態だと、相談できたり、心を許して自分をさらけ出して話し合いをすることができたりする人はいるようでいないのが、普通なのです。

そうした心を許せる関係性をどうやってつくり上げていくのかも、大きな課題の一つです。

仕事以外の話をほとんどしない、という状況で、お互いが本当は何を考えているのか、実は何も知らない、などということが当たり前に起こっているのが、昨今の職場だからです。

こういう状況で決定的に欠けているのは、できごとの背景にある話であるとか、書類には書かれていないような雑多でまとまっていない情報の共有です。

仲間をつくることができなければ、そういった大切な情報の共有ができないままになってしまうのです。


また、「拓く場」が上手くいくかどうかは、仲間同士のチームワークの質にもずいぶん影響されます。

理想的なのは、互いに「仲のよいケンカ」ができる状況が生まれてくることです。ケンカになるほど本気で意見の交換をする。しかし、根底には信頼感があり、話し合いのルールはしっかりと守って意見交換をし、それを行動に結びつけていくわけです。

この「仲のよいケンカ」というのは、もともとトヨタで使われていた言葉です。

何年も前のことですが、元トヨタの役員で、当時はトヨタの販売会社の会長をしていた方と、トヨタ本体と販売会社の違いについて話をしていたときに、「仲のよいケンカ」の話題が出てきました。

その方が言うには、「よく考えてみると、トヨタにいたときは、昼食時などもガンガンガン言い合っているのが普通だった。でも今は、みんな仲良くゴルフの話なんかしているよね。これが問題なんだな」ということでした。

つまり、単に仲良くゴルフの話ができる関係性とは違う、遠慮なくものが言い合える関係性をこの「仲のよいケンカ」という言葉が表現しているということです。

仲間とのよい関係をつくる上で大切なこと

仲間とのよい関係をつくる上でいちばん大切なのが、「事実と自分に誠実である」という姿勢です。

たとえば、企業改革をサポートしているとき、この人は骨があって信頼できるな、と思わせる人に、コンサル嫌いの方がよくいます。自分の仕事に自信を持っているタイプです。

私たちは自分たちのことを通常のコンサルタントとは異質の存在だと考えているのですが、世の中は必ずしもそうは見てくれません。そのため、サポートを始めた最初のころは、自信があるがゆえに、第三者からのアドバイスに違和感を持ったり、必要性を感じなかったりする方がいることはままあることです。

そして残念なことに、その方は私たちがサポートしながら進めている改革の反対派的な存在になっていたりするのです。

しかしながら、こういう人でも「事実と自分に誠実であろう」という姿勢を持っている人とは、時間の経過とともに必ずといってよいほど強い信頼関係が構築されていく時期がくるのが今まででした。

そういう経験から、私が大切にし、かつ自分自身に対しても要求しているのが、この「事実と自分に誠実である」という言葉であり、姿勢なのです。

もう一つ、仲間とのよい関係をつくる上で大切なのが、「言っていることとやっていることを一致させる」努力を怠らない、ということです。

もうずいぶん昔の話にはなるのですが、当時の私は企業研修をする会社を経営していました。そのため、中途入社で採用したたくさんのインストラクターと接していました。

この人たちの中には、「自分が言っていること」と「やっていること」がまったく違っていても、それに何ら違和感を持たない人がけっこういたのです。

たとえば、接遇のインストラクターとして新たに採用された人が、社長だった私のところにあいさつに来たときのことです。

驚くほど丁寧なあいさつをしてくれたのですが、そのどこかに違和感があった私は、「あなたは、本当はそういう人ではないですよね？」と単刀直入に尋ねたのです。すると、途端に「ドヒャ」という反応が返ってきました。

その方は明るくていい人ではあったのですが、今思えば、本来伝えるべき接遇の精神（主体的に動くための〝軸〟）を体現できていたわけではなく、あくまでも接遇の型（人を縛る〝枠〟）を教えていたということです。

つまり、接遇のインストラクターに必要だったのは、少なくとも当時は単なる演技力だった、ということです。

こうした経験もあって、私にとって、自分が言っていることとやっていることの体現的な一致は非常に重要なテーマになりました。相手からの信頼を得るには、そのような姿勢が必要不可欠だということです。

確かに、それを実践することは、口で言うほど簡単なことでないのは自分がやってみてよくわかります。

だからといって、それで仕方がない、と開き直るのではなく、どこまでも誠実に一致させる努力を続けることが大事なのだ、と思っています。

考えることのできる時間の余裕をつくる方法

「拓く場」で「拓く問い」と向き合う、と簡単そうに言っていますが、実はそういう時間を割くこと自体が、実際の経営の場ではそう簡単なことではないのです。「そんなことやっている時間はないよ」というのが、忙しさの中にいる企業人だからです。

ですから、そういう場を1回目は無理してつくっても、それだけで効果が生まれるなどということはまずないのに、それでいい体験をしたと安心してしまう人も多いのです。

初めてのオフサイトミーティングを経験しただけで、それだけで何かが大きく変わる、つまり、考える習慣が身につく、というのはそもそも無理なのです。

しかし、いくら効果が期待できると言われても、何回も定期的にやる、という決断をするのは難しい。成果がはっきりと確約できるなら別ですが、かなりの犠牲をほかの業務に強いることになるため、そういう決断は簡単ではないのです。

とはいえ、何回も続けていくことができないままだと、本当に変化が起きるという効果は期待できない、というのも事実です。

ではどうするのか。その答えは、「拓く問い」と向き合いながら、働き方改革でもある「業務の効率化」を進めていくことです。

つまり、時間的な余裕を生み出すことが先決だ、ということです。

これを成功させるキーワードは、「従来業務（従来の価値を生み出している業務）に割く時間」を徹底的に削減する、です。

業務時間に余裕をつくるために必要なのは、まず業務の優先順位をはっきりさせることです。

ただし、これは、単に「従来業務の効率化を図るにはどうすればいいのか」を問うわけではないのです。「めざす状態（意味や目的、価値）に向けて、何を優先すべきか」、すなわち、「めざす状態とは何か」を問うているのです。

ということは、まずめざす状態をはっきりさせることが必要であり、それを基に優先順位を決める必要がある、ということです。

実のところ、従来業務は多くの場合、過剰品質になっていることが多いのです。

だからこそ、達成レベルを必要最低限に抑えることをまずしなくてはならない、ということです。

たとえば、「社内資料などをつくるとき、必要最低限入れておかねばならない要素とは何か」を見直します。第3章でも述べましたが、60パーセントの精度でもやっていけるものを70パーセント、80パーセントの精度に仕上げようとすると、倍以上の時間がかかったりするわけです。

でも、部下が立派な資料をつくってきたとすると、それにどのくらいの工数をかけたかには関係なく、そのでき映えのほうを褒めたり評価したりする上司が多いのです。

それは、「何のために何をやっているのか」、つまり、〝意味や目的、価値〟が十分には考えられていないからだろうと思います。

その資料をつくった目的はそもそも何で、どのくらいの精度であればその目的は達成できるのか、そのために使う時間は何分くらいが適切なのか、が大切なのです。

つまり、現状のビジネスモデルを回すだけなら、何としてでも過剰品質を徹底して避ける、ということです。

そういう知恵がいろいろ働くようになると、中間管理職クラスの時間的な余裕が生まれてきます。すると、初めて考える力を養うのに不可欠な「拓く場」に余裕を持って時間を費やすことができるということです。

新たに生み出す価値の大きさで、費やす労力や時間を決める

仕事の生産性を上げるには、新たに生み出す価値の大きさで、その仕事の比重を変え、費やす労力や時間を決めていく必要があります。

当然のことながら、まったく新たな価値を生まない、と判断したときは、それに費やす時間を可能な限り少なくする、という判断が必要です。

「やっておく必要はあるけれども、それほど新たな価値を生み出すわけではない」と考えられる仕事に関しては、可能な限りシンプルにさばく必要がある、ということです。

最初に、「その仕事をどのレベルで仕上げればいいのか」を決めた上で、仕事に取り掛かる必要があるのです。可能な限り、そこに費やす時間は少なくするためです。

今までやってきたのと同じように単に仕事をさばくだけなら、「枠内思考」で十分なのですが、「可能な限りシンプルにさばく」となると、〝意味や目的、価値〟を考え抜く「軸思考」が有効に機能していないとできません。

生産性に影響をもたらさない「枠内思考」のままで処理をするだけだと、働き方改革も単なるスローガンになってしまいます。

つまり、「生み出す価値に見合った労力と時間しか費やさないようにすること」こそが基本だということです。

そういう整理をすることができて初めて、新たな価値を生む仕事に十分な時間を費やすことが可能になるわけです。

ところが、「仕事の価値を判断することができる能力を身につける」のは、実のところそう簡単なことではありません。

日頃から、答えが一つではない「拓く問い」に向き合い、〝意味や目的、価値〟をおざなりにしない習慣を持っていて初めて、そういうことを深く考え抜くことも可能になるからです。

〝ものごとの価値を判断できる能力〟を身につけることは、非常に大事であり、仕事の生産性を上げる上で重要な意味を持ちます。

つまり、こうした能力を身につける機会となりえる「拓く場」を豊富に設けることを、私たちはまず最初に行なう必要があるということです。

問題を抱えている自分だからこそ、進化できる

優先順位をつけて時間を使うことで、自分の自由に使える時間を取り戻すことができれば、自分の人生を取り戻す可能性が出てきます。それは、人間らしい自分の頭を駆使した生き方ができることを意味しています。

暗い顔をして何となく生きているのではなく、希望と意欲に満ちた顔で、日本人の持つ勤勉さがプラスに働く環境で生きていくことが可能になるということです。

そうした生き方を実現していくために、私が大切にしている価値観があります。

それは、人間らしい生き方は、「自ら常に変わり続けていこう」という姿勢を持ち続けることで実現される、という考え方です。いわば「進化を促進させる価値観」です。

自ら常に変わり続けるには、まず、問題を抱えている自分を認めることが大切です。

そして、自分が持っている問題を自分で見つけ、それを変えていこうという姿勢が〝進化〟をもたらします。

問題を抱えていない人はいません。私が大切にしていることは、完成された立派さではなく、立派になるために努力をし続けていることです。

その努力のことを、私は〝進化〟と呼んでいます。

今まで私たちがかかわった企業改革事例の中でも、〝進化〟の中に自分を置くトップの下でこそ、本当の意味での変化はもたらされていく、ということを何度も目にしてきました。

「自分はちゃんとやっている」と問題点を自分の中に認める姿勢を持たないトップの下では、改革は進んでも、ある程度のところまでです。非常に目覚ましい改革が進むのは、いちばん変わったのがトップだったと自他ともに認めるときなのです。

加えて、この〝進化〟とは「何かを成し遂げたい」という思いがあってこそ可能になるのだ、という言い方もできます。

そのような前向きな気持ちを自分の中に持っていることが、仲間たちと「拓く問い」に向き合い、困難な仕事を達成していこうとする際に有効に働く、というのは間違いないことでしょう。

とはいえ、前向きな気持ちを持つのは、どんな状況に置かれているかにもよりますが、人によってはそれほど簡単なことではないのも事実です。

では、前向きな気持ちであるために必要なことは何でしょう。

「自分自身を信頼できる自分になることだ」というのが、企業変革のさまざまなシチュエーションで多くの人を見てきた私の〝仮説〟です。

要するに、大切なのは「進化し続けていく自分を信頼すること」です。そのためには、「自分自身を信頼できる自分になること」と「問題点を自分の中に見つけ、自分を変えていこうという姿勢を持つこと」を両立させる必要があるいうことです。

私自身も失敗の多い人生でした。自信をなくすことは幾度となくあったし、現在もあります。

いつも気をつけているのは、「自分と自分のまわりの強みを発見しよう」という姿勢をいつも持ち続けることです。これも、経験の中から編み出した私の〝仮説〟です。

ここで言う「強み」というのは、学歴とか生まれとかいった形式的なものを指すのではありません。重要なのは、長所も短所も含めて自らの特性を「強み」に変えていこうとする姿勢です。

たとえば、私は若いころ、ドイツ語を勉強したかったのですが、コツコツ勉強するのが苦手な私には、日本にいてドイツ語ができるようになる可能性はまったくといっていいほどなかったのです。そこで考えたのが、ドイツへの留学です。現地に行ってしまったほうが自分の性格が「強み」として活きるだろうと考えたからです。

そんな「強み」を新たに発見するには、「何をめざすか」も含め、〝意味や目的、価値〟を考え抜くことができる自由な思考力（軸思考）が欠かせません。

つまるところ、人間らしい生き方へと至る道も、「自分が働くのはそもそも何のためなのか」という最も基本的な問い（拓く問い）と向き合うことから始まるということなのです。

未来を切り拓いていくことを可能にする「考える力」

難局を打開し、未来を切り拓き、生産性を上げていくことを可能にする「考える力」は、「拓く問い」に向き合い続けることで試行錯誤を繰り返しながら培われていくものです。

「答えが一つではない問い」に本気で向き合おうとすればするほど、必然的に、より本質に向かって〝意味や目的、価値〟を考え抜くことを常に自らに課し続ける状態になっていくものです。

これは、まさに〝哲学〟の世界です。

日本で哲学というと、何か遠い世界の話のようなイメージがあるのですが、実はドイツなどではそうでもありません。ドイツなどでよく言われるのは、「哲学は日常生活の中に普通に入り込んでいるものだ」ということです。

一時期ドイツで暮らし、日常生活でドイツ語を使うようになったとき、日本では専門語だと思われているドイツ語の哲学用語——たとえば「アウフヘーベン（Aufheben：止揚《しよう》）」など——も日常語として普通に使われている、ということに驚いた記憶が残っています。

しかし残念なことに、こういう〝考える〟といったことが日常になっているドイツなどとは違い、私たち日本人は「拓く問い」と向き合う経験を幼いころからあまりしてきてはいません。

しかし最近では、少しずつ「正解のない問いが持つ意味」に社会の関心も高まってきてはいます。

今私たちにできることは、一見無駄に見えて答えが出にくい「拓く問い」と向き合う機会をできる限り多く持つことであり、「拓く場」をできるだけ多く用意することです。そうして、「考える力」をできるだけ養うことです。

私の海外経験なども含めた実感値で言えば、世界的に見ても、日本人の知的能力は決して低いほうではありません。ですから、「拓く問い」に向き合うことがもたらす視野の広がりと深まりを体感値として身につけることさえできていけば、ハンディを取り戻すことは可能です。

新しい価値の創造が求められる令和の時代に、「考える力」を何よりも必要としている日本と日本企業に求められるのは、伝統に基づく「枠内思考」を脱し、「拓く問い」と「拓く場」の重要性を強く認識し、その活用に向けた一歩を確実に踏み出すことなのです。

おわりに

私は若いころ、ドイツに1年半ほど留学をしていました。

正確には覚えていないのですが、たぶん、ドイツで生活を始めて半年くらいたったころのことだったかと思います。

言葉では説明しにくいのですが、広いレストランかカフェのようなところで、友人たちとゆったりと時間を過ごしているとき、突然はっと気づいたことがありました。

話の中身としては、特に何ということもないようなものなのですが、「ここにいる人たちは、みんな幸せになるために生きているんだ」という、「ドイツ人からすると当たり前のこと」にあらためて気づいて衝撃を受けたのです。

今も、〝あのときの感覚〟を鮮明に覚えています。

それは、20代の半ばであったそのころまで、日本で生まれ育った私の人生で一度も感じたことのない感覚でした。

何がそれまでの感覚と決定的に違っていたのか。思い返せばそのころの私は、「人というのはひたむきに生きるべきもの」という思いで生きていたということです。「ひたむきに生きていてこそ、人間は人間たりえるのだ」といった感覚でした。

たぶん多くの日本人が当たり前に持っている感覚を、私も持っていたということでしょう。

そして、〝あのときの感覚〟を得て以来、「幸せに生きるには」という命題は私にとって、ひたむきに生きる、ということと少なくとも同じくらい、常に心の中で重要な位置を占めるようになったのです。

そういう意味で、「私の人生に極めて重大な影響を与えたのが、あのときのあの瞬間、あの感覚だった」と言っても差し支えないと思います。

その後しばらくして帰国し、久しぶりの日本で強く受けた印象は、「道行く人々が誰も幸せそうな顔をしていない」というものだったことも鮮明に覚えています。

たぶん、ドイツに住んでいたころとの比較を無意識のうちにしていたのだろうと思います。

それ以来、「日本人に幸せを何としてでももたらしたい」という地味でありながらも強い思いが、その後の私の人生の隠れた最大のテーマとなったのです。

本書に込められた私の思いも、基本的には同じです。

「私たち日本人が持っている力を何としてでも発揮できる世の中にしていく」ために必要なことは、無自覚に行なってしまっている私たち日本人の思考様式――つまり、本書で解説した「枠内思考」という現代の思考停止――を、まずは自覚することです。

そして、社内で行なわれている会議の中で、「拓く場」の占める割合を意識することも始めてみてください。

日本が直面している困難な状況を打開する手がかりは、「枠内思考」と「軸思考」の適切な使い分けです。それさえできるなら、素晴らしい未来が待っていることを、私は確信しています。

本書が、私たちの未来に向けて役立つことを心から期待しています。

最後になりましたが、未完成原稿に対して貴重なご意見をくださったみなさんに心から感謝申し上げます。本書は多くのみなさんからいただいた知恵で成り立っています。また、編集作業をしっかりとやってくださった朝日新聞出版の喜多豊さん、編集作業の側面サポートをやり抜いてくれたスコラ・コンサルトの高野昌子さん、ありがとうございました。

柴田昌治　しばた・まさはる
兵庫県生まれ。1979年、東京大学大学院教育学研究科教育哲学博士課程修了。大学院在学中にドイツ語学院を起業した後、ビジネス教育の会社を設立。1986年、日本企業の風土・体質改革を専門に行なうスコラ・コンサルトを設立。著書に『なぜ会社は変われないのか』、共著『トヨタ式最強の経営』『どうやって社員が会社を変えたのか』(いずれも日本経済新聞出版)など多数。

朝日新書
865

日本的《にほんてき》「勤勉《きんべん》」のワナ
まじめに働いてもなぜ報われないのか

2022年5月30日第1刷発行

著者　柴田昌治

発行者　三宮博信
カバーデザイン　アンスガー・フォルマー　田嶋佳子
印刷所　凸版印刷株式会社
発行所　朝日新聞出版
〒104-8011　東京都中央区築地5-3-2
電話　03-5541-8832（編集）
　　　03-5540-7793（販売）

Published in Japan by Asahi Shimbun Publications Inc.
ISBN 978-4-02-295173-1
定価はカバーに表示してあります。

落丁・乱丁の場合は弊社業務部（電話03-5540-7800）へご連絡ください。
送料弊社負担にてお取り替えいたします。

朝日新書

死者と霊性の哲学
ポスト近代を生き抜く仏教と神智学の智慧

末木文美士

「近代の終焉」後、長く混迷の時代が続いている。従来の思想史や哲学史では見逃されてきた「死者」と「霊性」という問題こそ、日本の思想で重要な役割を果たしている。19世紀以降展開されてきた神智学の系譜にさかのぼり、仏教学の第一人者が「希望の原理」を探る。

宇宙は数式でできている
なぜ世界は物理法則に支配されているのか

須藤　靖

なぜ宇宙は、人間たちが作った理論にこれほど従っているのか？　ブラックホールから重力波まで「数学的な解にしかすぎない」と思われたものが、技術の発展によって続々と確認されている。神が仕組んだとしか思えない法則の数々と研究者たちの探究の営みを紹介する。

防衛事務次官　冷や汗日記
失敗だらけの役人人生

黒江哲郎

防衛省「背広組」トップ、防衛事務次官。2015年から17年まで事務次官を務め南スーダンPKO日報問題で辞任した著者が「失敗だらけの役人人生」を振り返る。自衛隊のイラク派遣、防衛庁の省昇格、安全保障法制などの知られざる舞台裏を語る。

第二次世界大戦秘史
周辺国から解く 独ソ英仏の知られざる暗闘

山崎雅弘

人類史上かつてない広大な地域で戦闘が行われた第二次世界大戦の欧州大戦。ヒトラー、スターリン、チャーチルの戦略と野望、そして誤算――。彼らに翻弄された、欧州・中近東「20周辺国」の視点から、大戦の核心を多面的・重層的に描く。

音楽する脳
天才たちの創造性と超絶技巧の科学

大黒達也

優れた音楽はどのような作曲家たちの脳によって作られ、演奏されているのか。ベートーベンからグールドまで、偉人たちの脳を大解剖。深い論理的思考で作られているクラシックをとことん味わうための「音楽と脳の最新研究」を紹介。

昭和・東京・食べある記

森 まゆみ

東京には昭和のなつかしさ漂う名飲食店があちこちに。「安くてうまい料理」と、その裏にある、作る人・食べる人が織りなす「おいしい物語」を作家で地域誌「谷根千」元編集者の著者が、食べ、かつ聞き歩く。これぞ垂涎の食エッセー。

不動産の未来
マイホーム大転換時代に備えよ

牧野知弘

不動産に地殻変動が起きている。高騰化の一方、コロナによって暮らし方、働き方が変わり、住まいの価値観が変容している。こうした今、都市や住宅の新しい価値創造は何かを捉えた上で、マイホームを選ぶことが重要だ。業界の重鎮が提言する。

全米トップ校が教える自己肯定感の育て方

星　友啓

学習や仕事の成果に大きく関与する「自己肯定感」は世界的にも注目されるファクターだ。本書は超名門スタンフォード大学オンラインハイスクールで校長を務める著者が、そのコンセプトからアプローチ、エクササイズまで、最先端の知見を凝縮してお届けする。

リスクを生きる

内田　樹
岩田健太郎

コロナ禍で変わったこと、変わらなかったこと、変わるべきことは何か。東京一極集中の弊害、空洞化する高等教育、査定といじめの相似構造、感染症が可視化したリスク社会を生きるすべを語る、哲学者と医者の知の対話。同著者『コロナと生きる』から待望の第2弾。

全面改訂 第3版
ほったらかし投資術

山崎　元
水瀬ケンイチ

これがほったらかし投資の公式本！　売れ続けてシリーズ累計10万部のベストセラーが7年ぶりに全面改訂！　おすすめのインデックスファンドが一新され、もっとシンプルに、もっと簡単に生まれ変わりました。iDeCo、2024年開始の新NISAにも完全対応。

ルポ 大谷翔平
日本メディアが知らない「リアル二刀流」の真実

志村朋哉

2021年メジャーリーグMVPのエンゼルス・大谷翔平。米国のファンやメディア、チームメートは「リアル二刀流」をどう捉えているのか。現地メディアだけが報じた一面とは。大谷の番記者経験もある著者が日本ではなかなか伝わらない、その実像に迫る。

自衛隊メンタル教官が教える イライラ・怒りをとる技術

下園壮太

自粛警察やマスク警察など、コロナ禍で強まる「1億総イライラ社会」。怒りやイライラの根底には「疲労」がある。怒りは自分を守ろうとする強力な働きだが、怒りの暴発で人生を棒に振ることもある。怒りのメカニズムを正しく知り、うまくコントロールする実践的方法を解説。

画聖 雪舟の素顔
天橋立図に隠された謎

島尾 新

画聖・雪舟が描いた傑作「天橋立図」は単なる風景画なのか？ 地形を含めた詳細すぎる位置情報、明らかに歪められた距離、上空からしか見ることのできない構図……。前代未聞の水墨画を描いた雪舟の生涯を辿りながら、「天橋立図」に隠された謎に迫る。

江戸の組織人
現代企業も官僚機構も、すべて徳川幕府から始まった！

山本博文

武士も巨大機構の歯車の一つに過ぎなかった！ 幕府の組織は現代官僚制にも匹敵する高度に発達したものだった。「家格」「上司」「抜擢」「出張」「横領」「利権」「賄賂」「機密」「治安」「告発」「いじめ」から歴史を読み解く、現代人必読の書。

朝日新書

官僚が学んだ究極の組織内サバイバル術

久保田 崇

大人の事情うずまく霞が関で官僚として奮闘してきた著者が、組織内での立ち居振る舞いに悩むビジネスパーソンに向けておくる最強の仕事術。上司、部下、やっかいな取引先に苦しむすべての人へ。人を動かし、自分の目的を実現するための方法論とは。

インテリジェンス都市・江戸
江戸幕府の政治と情報システム

藤田 覚

インテリジェンスを制する者が国を治める。徳川260年の泰平も崩壊も極秘情報をめぐる暗闘の成れの果て。将軍直属の密偵・御庭番、天皇を見張る横目、実は経済スパイだった同心――近世政治史の泰斗が貴重な「隠密報告書」から幕府情報戦略の実相を解き明かす。

ふんどしニッポン
下着をめぐる魂の風俗史

井上章一

男の急所を包む大事な布の話――明治になって服装は西欧化したのにズボンの中は古きニッポンのまま。西洋文明を大和心で咀嚼する和魂洋才は見えないところで深みを増し三島由紀夫に至った。『パンツが見える。』に続き、近代男子下着を多くの図版で論考する。

日本的「勤勉」のワナ
まじめに働いてもなぜ報われないのか

柴田昌治

「主要先進国の平均年収ランキングで22位」が、日本の現実だ。従来のやり方では報われないことが明白になった今、生産性を上げるために何をどう変えればいいのか？ 「勤勉」が停滞の原因となった背景を明らかにしながら、日本人を幸せにする働き方を提示する。